怎样学好普通话丛书

XINANGUANHUAQU
ZENYANG XUEHAO PUTONGHUA

西南官话区
怎样学好普通话

教育部语言文字应用研究所
国家语委普通话与文字应用培训测试中心 组编

本册主编：王彩豫
审　　读：朱晓农

中国教育出版传媒集团　　语文出版社
·北京·

图书在版编目（ＣＩＰ）数据

西南官话区怎样学好普通话 / 教育部语言文字应用
研究所，国家语委普通话与文字应用培训测试中心组编
. -- 北京：语文出版社，2024.11
ISBN 978-7-5187-1666-1

Ⅰ. ①西… Ⅱ. ①教… ②国… Ⅲ. ①普通话－自学
参考资料 Ⅳ. ①H102

中国国家版本馆CIP数据核字(2023)第001684号

责任编辑　康　宁
装帧设计　刘姗姗
出　　版　语文出版社
地　　址　北京市东城区朝阳门内南小街51号　　100010
电子信箱　ywcbsywp@163.com
排　　版　北京九章文化有限公司
印刷装订　北京鑫海金澳胶印有限公司
发　　行　语文出版社　新华书店经销
规　　格　890mm×1240mm
开　　本　A5
印　　张　7.25
字　　数　181千字
版　　次　2024年11月第1版
印　　次　2024年11月第1次印刷
定　　价　32.00元

☎ 010-65253954（咨询）010-65251033（购书）010-65250075（印装质量）

我国宪法规定：国家推广全国通用的普通话。

新中国成立以来，在党中央、国务院坚强领导下，普通话推广工作蓬勃发展，取得举世瞩目的成就。2020 年全国普通话普及率超过80%，实现了普通话在全国范围内基本普及、语言交际障碍基本消除的历史性目标。新时代新征程，坚定不移推广普及国家通用语言文字，向着全面普及的新目标稳步迈进，要聚焦重点，精准施策，着力解决推广普及不平衡不充分问题，不断提升国家通用语言文字普及程度和质量。为更好满足广大群众学习普通话、提高普通话水平的需求，教育部语言文字应用研究所、国家语委普通话与文字应用培训测试中心联合语文出版社，精心策划和组织编写了这套"怎样学好普通话丛书"。

本丛书是一套基础性、大众化的普通话学习用书，包括系统描述普通话语音、词汇、语法等知识的基础读本，以及针对不同方言区的专用读本。在保证内容表述科学规范的前提下，力求语言平实、深入浅出、通俗易懂。没有语言学专业基础的读者，通过学习基础读本，能够对普通话特别是普通话语音有比较系统的了解。不同方言区的读者，通过学习专用读本，可以比较熟练地掌握普通话与方言的对应规律，针对学习重点与难点进行练习，更快更好地提高普通话水平。

应邀参加本丛书编写、审读的专家学者，既有享有盛誉的著名语言学家，也有学有专长的知名专家和优秀青年学者。他们长期从事普通话教育教学及研究，具有扎实的专业理论功底和丰富的实践经验，对推广普通话满怀热忱，对编写和审读工作精益求精，保证了本丛书的科学性、专业性和实用性。谨向他们表示敬意和感谢！

教育部语言文字应用研究所

国家语委普通话与文字应用培训测试中心

这是一本关于西南官话区群众学习普通话的语言学普及读物。我还是第一次给普及读物写序，有点"老写手碰到新问题"。

但你千万不要以为我只看只写学术东西，我也写过普及性读物《教我如何不想她》，从读者反馈来看，比我的学术东西强多了。所以我也看好王彩豫教授的这本普及性小书。

本书内容包括语音、词汇、语法的各个方面：第一章是关于西南官话的概况，第二章是西南官话区人学习普通话语音，第三章是西南官话与普通话词汇的差异，第四章是语法的差异，第五章是西南官话区人普通话朗读提示。内容翔实，重点突出，具有很强的针对性。

关于方言区群众学习普通话的辅导读物，从二十世纪五十年代起就得到相当的重视，出版了一大批方言与普通话的对比教材、学话手册等。半个多世纪过去了，中国社会发生了翻天覆地的变化，各地方言也发生了很大的变化。各方言区学习普通话教材，也必须适应这种变化，教材内容要更新，教学理论要发展，教学方法要改进。因而，很有必要重新编撰一套"怎样学好普通话丛书"一类的书籍。一方面，这些新教材能够适应方言变化和推广普通话的新形势，具有更强的实用价值；另一方面，也可以留下新的记录，在学术上对比之前的类似著作，从而看出方言变化的大趋势，以及在这种形势下方言区人普通话学习的新特点。

比起同类著作，《西南官话区怎样学好普通话》篇幅虽然不大，但构思严谨，很有自己的特色：

1. 方言资料翔实，与普通话的比较重点突出，言之有据。

2. 勇于突破传统的普通话教学理论和教学方法的固有模式，是本书的重要特色，如该书把普通话声调训练放在普通话语音的突出地位，提出要重视普通话腔调问题，以及书中的语音分析引入实验语音学的分析方法等，都具有创新思维的特点。

3. 第五章"西南官话区人普通话朗读提示"提出的问题，有很强的针对性和实践性，也是过去众多著作和教材中很少涉及的内容。

此外，书中几个精心编制的附件，条目涵盖面宽，仅就武汉、成都、重庆、贵阳、昆明、桂林六地方言语法比较的例句，就有155条之多，且取舍精当，又非常实用，足见作者倾注了大量的心血，这也是本书既能深入浅出、挥洒自如，又能言之凿凿、真实可信的重要依据。

上面说的是为本书写序的语言学方面的理由，还有一点个人方面的理由。

彩豫跟我在香港科大读了六七年书，从硕士到博士，我为她在语言学道路上的每一个浸透着艰辛探索的成功而高兴。彩豫既是一位优秀的英语专家，又是研究汉语的杰出学者，有这样双重身份的学者并不多见，就我所知，都是些如雷贯耳的名字，如赵元任、吕叔湘、胡明扬、沈家煊等。我当然不是把彩豫和这些大师级人物去比，而是想说明一个"不容易"：既要留意国外同行的最新进展，又要脚踏实地地做田野调查。彩豫所发表的论文《湖北松滋方言的假声》《湖北监利张先村赣语的三域十声系统》《湖北方言 AAB 式词语探索》等，以及出版的专著《荆州方言研究》（合著），尤其是即将要出版的大作《鄂南方言的多域声调系统研究》，都证明她对西南官话的研究深度，让人们看到以往近一个世纪以赵元任先生开创的西南官话研究所未见到的研究新成果。

　　总之，这是一本把研究成果融于教学，以通俗方式写出的具有学术内涵且兼有创新精神的好书。我非常乐意将本书推荐给西南官话区有需要的读者，并期待能对他们学习普通话有丁点儿作用。

朱晓农　六八叟序于不知处

2020 年 6 月 8 日

目 录

第一章

西南官话区方言概况

一、西南官话的分布

中国大约95%的人说汉语，约5%的人说一百多种少数民族语言。据《中国语言地图集》（第2版），汉语方言分为十种：官话（79858.5万人），晋语（6305万人），吴语（7379万人），闽语（7500万人），客家话（4220万人），粤语（5882万人），湘语（3637万人），赣语（4800万人），徽语（330万人），平话和土话（778万人）。官话方言是最重要的方言，全国逾六成人使用官话。

官话下又分八类：东北官话（9802万人），北京官话（2676万人），冀鲁官话（8942.5万人），胶辽官话（3495万人），中原官话（18648万人），兰银官话（1690万人），江淮官话（8605万人），西南官话（26000万人）。西南官话是中国使用人口最多的方言。同时，西南官话也是中国分布最广的方言。除西南地区的四川，重庆，云南，贵州四省市外，还有比邻的湖北、湖南、广西、陕西的一些市（县区），以及甘肃、江西的几个市县方言岛，共涉及500余县市区。

西南官话"最紧要的特点是调类分阴平、阳平、上、去（无阳去），而入声归阳平，这是西南官话一个最重要的特点"。（赵元任等，

1948）"古入声今读阳平的是西南官话，古入声今读入声或阴平、去声的方言，阴平、阳平、上声、去声调值与西南官话的常见调值相近的，即调值与成都、昆明、贵阳等六处的调值相近的，也算是西南官话"。（黄雪贞，1986）

根据古入声今归属和今同调类的调形、调值，《中国语言地图集》（1987）将西南官话分为十二片：成渝、滇西、黔北、昆贵（昆明、贵阳）、灌赤（灌县、赤水）、鄂北、武天（武汉、天门）、岑江（岑巩、从江）、黔南、湘南、桂柳（桂林、柳州）、常鹤（常德、鹤峰）。从这十二片的片名，普通话学习者能大致判断出自己的方言是否是西南官话。《中国语言地图集》（1987）中，西南官话仅滇西和灌赤片下分小片。西南官话内部的区别、分类主要体现在十二片这一层次，普通话学习者也可从"片"大致了解自己所属西南官话的类别。例如，湖北省西部的十九个县在"片"这一级属于"成渝片"，这说明较之湖北的西南官话（武天片），这些方言更近成（成都）、渝（重庆）话，这十九县的普通话学习者可参照成都、重庆话和普通话的对应特征，系统学习普通话。西南官话的范围、分布，可参见《中国语言地图集》（第 2 版）图 A2 "中国汉语方言"。

主要依据和常见调值的关系，《中国语言地图集》（1987）将西南官话分为十二片①。

（一）成渝片：包括四川省中部、北部、东部、南部及重庆、湖北省西部、陕西省南部、湖南省西北部及甘肃省的多个县市。

成都　德阳　绵阳　南充　渡口　德阳　达州　金堂　中江
绵竹　广汉　江油　青川　平武　广元　旺苍　剑阁　梓潼　三台

---

① 此处引自黄雪贞（1986）和《中国语言地图集》（1987），各片县市有删减。

遂宁　蓬溪　北川羌族自治县　苍溪　阆中　仪陇　南部　营山　蓬安
广安　岳池　武胜　华蓥　万源　宣汉　开江　邻水　大竹　渠县
南江　巴中　平昌　通江　乐至　资中　资阳　简阳　安岳　米易
盐边　会东　会理　德昌　盐源（四川）万州区　涪陵　开州区　城口
巫溪　巫山　奉节　云阳　忠县　梁平　垫江　丰都　武隆区　南川区
长寿区　巴南区　永川区　合川区　荣昌区　铜梁区　璧山区　大足
石柱土家族自治县　酉阳土家族苗族自治县　黔江区　彭水苗族土家
族自治县（重庆）宜昌　荆门　巴东　宣恩　利川　来凤　建始　五峰
土家族自治县　远安　当阳　宜都　枝江　长阳土家族自治县　秭归
兴山　江陵①　咸丰（湖北）佛坪　镇巴　镇坪　岚皋　紫阳　石泉
宁陕　留坝　汉阴（陕西）永顺　张家界　龙山（湖南）碧口镇（甘肃）

（二）滇西片：云南省西部的多个县。本片分为姚李和保潞两个小片。

（1）姚李小片：东川区　鹤庆　漾濞彝族自治县　祥云　永平永仁　大姚　姚安　禄劝彝族苗族自治县　香格里拉　德钦　维西傈僳族自治县　巍山彝族回族自治县　南涧镇

（2）保潞小片包括22个市县：保山　畹町　腾冲　昌宁　龙陵芒市　陇川　盈江　瑞丽　梁河　兰坪白族普米族自治县　永德　凤庆双江拉祜族佤族布朗族傣族自治县　镇康　云县　施甸　泸水　碧江区福贡　耿马傣族佤族自治县　贡山独龙族怒族自治县

（三）黔北片：包括贵州省北部、云南省以及重庆市、湖南省西部的多个县市区。

遵义　六盘水　水城区　万山区　松桃苗族自治县　威宁彝族回

---

① 据我们的调查，江陵应划归"武天片"。

族苗族自治县　遵义　绥阳　道真仡佬族苗族自治县　凤冈　余庆
正安　湄潭　铜仁　石阡　江口　毕节　黔西　织金　赫章　大方　金沙
纳雍　息烽　修文　开阳　瓮安（贵州）　威信　彝良　镇雄（云南）　秀山
土家族苗族自治县（重庆）　凤凰　新晃侗族自治县　芷江　怀化（湖南）

（四）昆贵片：云南省东部和中部、四川省以及贵州省的多个县市。

昆明　昭通　曲靖　玉溪　楚雄　个旧　开远　寻甸回族彝族自治县　宁蒗彝族自治县　新平彝族傣族自治县　峨山彝族自治县　元江哈尼族彝族傣族自治县　石林彝族自治县　河口瑶族自治县　屏边苗族自治县　墨江哈尼族自治县　澜沧拉祜族自治县　西盟佤族自治县　江城哈尼族彝族自治县　孟连傣族拉祜族佤族自治县　沧源佤族自治县　师宗　鲁甸　巧家　宣威　会泽　富源　罗平　陆良　马龙区　华坪　永胜　华宁　通海　江川区　易门　澄江　富民　呈贡区　晋宁区　安宁　嵩明　宜良　文山　广南　西畴　马关　丘北　砚山　富宁　元谋　武定　禄丰　南华　牟定　双柏　弥勒　蒙自　元阳　红河　石屏　泸西　绿春　建水　景洪　勐海　麻栗坡　勐腊　普洱　景东彝族自治县（云南）　宁南（四川）　贵阳　安顺　六枝特区　盘州　兴义　普安　贞丰　望谟　册亨　安龙　兴仁　晴隆　长顺　清镇　普定　平坝区　镇宁布依族苗族自治县　紫云苗族布依族自治县　关岭布依族苗族自治县（贵州）

（五）灌赤片：包括四川省西部、贵州省北部以及云南省东北、西北部的多个县市。本片分为4个小片。

（1）岷江小片：泸州　宜宾　乐山　西昌　金口河区　温江区　新都区　崇庆　蒲江　双流　郫县　新津　邛崃　大邑　泸县　合江　纳溪区　什邡　宜宾　长宁　江安　兴文　珙县　高县　夹江　洪雅　丹棱　青神　眉山　彭山　犍为　沐川　荥经　峨眉　峨边　雷波

盐亭　射洪　西充（四川）　綦江区　江津（重庆）　赤水　桐梓　仁怀
习水　务川仡佬族苗族自治县　沿河土家族自治县　德江　思南　印江
土家族苗族自治县（贵州）　大关　绥江　水富（云南）

（2）仁富小片：自贡　内江　隆昌　荣县　富顺　井研　仁寿
威远　筠连　冕宁（四川）　盐津（云南）

（3）雅棉小片：雅安　芦山　名山　汉源　石棉　天全　宝兴
泸定（四川）

（4）丽川小片：下关　剑川　宾川　洱源　云龙　丽江（云南）

（六）鄂北片：湖北省北部18个县市[①]。

襄樊　十堰　丹江口　老河口　随州　襄阳　南漳　谷城　枣阳
宜城　保康　郧阳区　郧西　房县　钟祥　荆门　潜江　神农架林区[②]

（七）武天片：湖北省14个市县[③]，湖南省一个县。

武昌　汉口　汉阳　荆州区　沙市区　江陵　沙洋　京山　天门
仙桃　汉川　松滋（南海镇以北）　埠河镇[④]　洪湖（湖北）　临湘（湖南）

（八）岑江片：贵州省东南部12个县市和湖南省西部两个县。

岑巩　施秉　镇远　天柱　剑河　黎平　从江　台江　三穗
锦屏　榕江　玉屏侗族自治县（贵州）　靖州苗族侗族自治县　通道侗

---

① 较之《中国语言地图集》（1987）多两个方言点：荆门市和神农架林区。
② 神农架林区划归鄂北片。参见：王群生（2004）。
③ 湖北荆州区、沙市区、江陵县划入武天片，参见王群生（1994）。松滋境内有三种方言变体，南海镇以北和荆州城区话一致划归"武天片"，南海镇及以南（如杨林、沱水）属"常鹤片"。参见王彩豫（2013）。
④ 湖北境内"常鹤片"的三县——松滋、公安、石首，各县内部方言因入声是否单独成调、去声是否二分、古阴去的归属不同而保存多种方言变体。这些变体里入声并入阳平、去声不二分的方言和荆州城区话非常相近，应纳入"武天片"。松滋（南海镇以北）及公安（埠河）划入"武天片"。

族自治县（湖南）

（九）黔南片：贵州省南部 15 个县市。

凯里　都匀　贵定　平塘　惠水　荔波　福泉　独山　罗甸
龙里　黄平　麻江　雷山　丹寨　三都水族自治县

（十）湘南片：湖南省南部 16 个县市（区）。

永州　郴州　江华瑶族自治县　零陵区　宜章　临武　嘉禾
桂阳　郴县　新田　道县　江永　蓝山　东安　双牌　宁远

（十一）桂柳片：广西壮族自治区西北部 57 个县市（区）。

南宁　柳州　合山　桂林　百色　河池　武鸣区　马山　上林
宾阳　扶绥　隆安　龙州　柳江区　柳城　融安　鹿寨　象州　武宣
来宾　忻城　阳朔　临桂区　灵川　兴安　平乐　荔浦　昭平　蒙山
贺州　钟山　田东　平果　德保　靖西　那坡　凌云　乐业　田林
西林　宜山镇　南丹　天峨　凤山　东兰　融水苗族自治县　罗城仫
佬族自治县　三江侗族自治县　金秀瑶族自治县　龙胜各族自治县
富川瑶族自治县　隆林各族自治县　巴马瑶族自治县　都安瑶族自治县
环江毛南族自治县　恭城瑶族自治县

（十二）常鹤片：湖北省南部 4 个县，湖南省西北部 10 个县市。

鹤峰　松滋（南海镇以南）　公安（斗湖堤镇及以南）　石首（湖北）　常德
临澧　澧县　津市　安乡　汉寿　桃源　慈利　桑植　石门（湖南）

《中国语言地图集》（第 2 版）确定 8 类 13 种"常见调值"，将
西南官话分为 6 个片，含 21 个小片，具体情况如下：

（1）川黔片：①成渝小片；②黔中小片；③陕南小片。

（2）西蜀片：①岷赤小片；②雅甘小片；③江贡小片。

（3）川西片：①康藏小片；②凉山小片。

（4）云南片：①滇中小片；②滇西小片；③滇南小片。

（5）湖广片：①鄂北小片；②鄂中小片；③湘北小片；④湘西小

片；⑤怀玉小片；⑥黔东小片；⑦黎靖小片。

（6）桂柳片：①湘南小片；②桂北小片；③黔南小片。

《中国语言地图集》（第2版）西南官话分片体现了新的田野调查成果。较之《中国语言地图集》(1987),《中国语言地图集》（第2版）新增300多个方言点的一手调查资料，补充了西南官话的方言点，是语言研究的重要参考资料。

二、西南官话语音特点和共性

西南官话的音节构成和普通话基本一致，音节由声母、韵母、声调组成。声母为辅音；韵母为单元音，复元音，或是以 n、ng/ŋ[①] 结尾的前、后鼻音。零声母音节的声母位置上没有辅音充填，如"安"音 ān。

和普通话不同，西南官话里有辅音自成音节的现象。有些是单字音节，有些是语流弱读、合音造成的，两种情况都比较常见。例如，武天片、成渝片的西南官话，m ma（"妈妈"）[②]，n na（敬称对方，类似普通话的"您"），m ca（这/那么差），m nan（这/那么难），m hao（这/那么好），na m gao（哪么搞，普通话"怎么办"）。又如，桂林话 /ŋ/（我们），贵阳、桂林、成都话，m（这/那么）。

西南官话比较普遍使用的几个声母，如 ng/ŋ/、/v/、/z/，是普通话没有的，主要涉及普通话里的零声母和 r 声母字。例如，武汉、

---

① 本书用汉语拼音符号标注语音。发音超出拼音范围的，使用国际音标。国际音标符号放在 // 中，和拼音相区别。

② 方言不标声调。

成都、重庆、贵阳、桂林，"爱、熬、安、藕"声母 ng/ŋ；成都、重庆、昆明、贵阳、昆明、桂林，"五、吴"声母 /v/；昆明、贵阳，"外、围、晚、望"声母 /v/。普通话一部分 r 声母字，在西南官话里声母为 /z/。

西南官话有 /r/ 颤音。例如，湖北省以宜城、钟祥、荆门、江陵为中心的 14 个县市，这些方言点只有平舌或只有翘舌声母，没有平、翘对立，发强颤音往往都在平、翘舌交界处。颤音主要是名词、量词里的"子"缀，如"猪子、猴子、桶子、巷子、老头子"后字"子"音 /r/。其他如 zi、ci、zhi、chi 音节字也可能发颤音，如"工资 /r/、同志 /r/、打字 /r/、云芝 /r/（人名）、千分之 /r/ 三、党支 /r/ 部"。语流中的"的"也可能发 /r/，"好大的 /r/ 风啊"。/r/ 也见于合音现象，"么子啊（什么啊？）"音 /mo r ɑ/。

西南官话有"h、f 不分"的现象。桂林"非、罚、毁、坏"声母都为 f。昆明话旧时 f、x 区分，现在存在单元音 u 前不分的现象，如"虎、互、福、扶"声母都为 h。湖北武天片这一现象比较常见。

此外，西南官话中的"n、l 不分"和"z、c、s 和 zh、ch、sh 不分"也是较为常见的现象。

西南官话中的韵母和普通话的差异也较大。两者同字不同韵现象较普遍。常被提起的，例如西南官话前鼻韵母（-n）后鼻韵母（-ng）不分的问题。西南官话里一般没有 ing 韵母，普通话的 in、ing 韵母在西南官话都是 in，如"新、星、亲、青"在武汉、成都、重庆、桂林、贵阳等地，韵母都发 in，昆明则发为鼻化韵 /ĩ/。上述六地的西南官话也没有韵母 eng，"灯、等、能、正"的韵母发 en，昆明发 /ə̃/，"崩、朋、风、梦"的韵母发 ong。在普通话学习中，上述韵母的发音问题是学习的难点和易出错的地方。此外，西南官话和普通话韵母的不同之处，还如"哥、鹅、河、可、个"，普通话韵母发 e，西南官话一般发 o。普通话鼻音韵母在昆明和桂林是鼻化韵，两者发音、听感的区别较明显。

西南官话声调的共性明显，这也成为判定西南官话的主要依据。西南官话和普通话声调的不同主要有两点。第一，古清入和次浊入，今读类别不同。如"百、拍、白、陌"西南官话多读阳平，而在普通话中分别读作上声（三声）、阴平（一声）、阳平（二声）、去声（四声）。同时，一定数量的西南官话古入声单独成调，声调数有五或六个，大于普通话的四个。这造成有些字在西南官话和普通话的调类不同。第二，相同声调的调形、调值不同。例如，阴平、阳平、上声、去声四调的普通话调值为 55、35、214、51，武汉话则分别为 55、213、42、35。单字调不同造成连字调、变调和腔调不同，语音系统的整体听感差异由此产生。因此声调是普通话学习的重点。

（一）声调

西南官话声调共性明显。西南官话大多数"入派阳平"，一般有"阴平、阳平、上声、去声"四个声调，而且同调类声调的调值非常相似，呈现出西南官话的"常见调值"。西南官话声调的统一性为系统学习普通话声调提供了便利。

汉语方言的差异主要体现在语音方面，而声调在语音系统中处于重要地位，可以体现该方言的基本面貌。所谓一地有一地的"腔调"，首先就表现在声调及与声调相关的韵律特征上。武汉、成都、重庆、贵阳、昆明、桂林六地声调系统情况代表了西南官话的"常见调值"，见表 1。

表1 西南官话"常见调值"（六地）

	阴平	阳平	上声	去声	
武汉	55	213	42	35	古入声归阳平
成都	55	21	53/42	213	
重庆	55	11	42	24	
贵阳	55	21	53	24	
昆明	44	31	53	212	
桂林	44/33	21	53/55	35	

*注：引自黄雪贞（1986），李蓝（2009）。斜杠后为李蓝（2009）不同于黄雪贞（1986）的标注。李蓝（2009）未列重庆、贵阳声调。

表1里的六地声调系统在调类、调形、调值方面呈现高度的共性。以表1黄雪贞（1986）数据为例：六地的阴平、上声共性显著：阴平为高平55或略低44，上声为高降53或调头略低42；阳平和去声也有一定的共性：除武汉阳平为低降升213，其余都为低降或低平，调值为31、21、11，去声为低降升、低升或中升。西南官话的"基本调形"如下：

1. 阴平的基本调形——高平调或次高平调

2. 阳平的基本调形——低降调或降升调

3. 上声的基本调形——高降或中降

4. 去声的基本调形——升调或降升调

听感上，如果两种方言中有两个或三个相同调类的声调或调值近似，那么这两种方言听上去就会具有很强的相似性。

黄雪贞（1986）数据显示西南官话中四川、重庆、云南、贵州的调查点还有约75个（27%）古入声字自成调类，8个点今读阴平，13个点今读去声。但这些调查点方言的阴平、阳平、上声、去声的调值仍然保持了较高的一致性，呈现出西南官话的声调的"基本调值"。

表2　西南官话方言古入声今读入声（74个调查点）①

	阴平	阳平	上声	去声	入声
四川泸州	55	21	42	13	33
四川宜宾	55	21	42	13	33
四川乐山	55	21	52	13	44
四川西昌	44	52	34	11	31
四川金口河	44	31	42	212	55
四川温江	55	21	52	13	33
四川灌县	55	21	52	13	33
四川新都	55	31	51	13	33
四川崇州	55	21	52	13	33
四川蒲江	55	31	53	13	33
四川双流	55	31	52	13	33
四川郫县	55	21	52	13	33
四川彭州	55	21	47	13	33
四川新津	55	21	52	13	33
四川邛崃	55	21	53	324	33
四川大邑	55	21	52	13	33
四川泸县	55	21	42	13	33
四川合江	55	31	52	13	33
四川纳溪	55	21	42	13	33
四川什邡	55	21	52	13	33
四川南溪	55	31	53	13	45
四川古蔺	55	21	42	214	34
四川叙永	55	31	42	13	33
四川长宁	55	31	42	14	34

① 表2至表4原引自黄雪贞（1986），重庆直辖市当时还未成立。

	阴平	阳平	上声	去声	入声
四川江安	55	21	53	213	34
四川兴文	55	21	53	13	33
四川珙县	55	31	53	14	34
四川高县	55	42	53	13	34
四川夹江	44	31	42	213	55
四川洪雅	44	31	42	213	55
四川丹棱	55	21	53	13	33
四川青神	55	21	53	213	23
四川眉山	55	31	53	13	24
四川屏山	55	21	52	13	33
四川彭山	55	21	42	12	24
四川犍为	55	31	53	13	33
四川沐川	55	21	53	13	33
四川荥经	55	31	52	14	33
四川峨眉	44	21	42	13	55
四川峨边	44	31	53	212	34
四川马边	44	21	53	213	33
四川雷波	44	31	42	212	55
四川綦江	55	21	42	214	33
四川江津	55	21	42	214	22
四川盐亭	55	31	53	214	13
四川射洪	55	31	53	14	33
四川西充	55	21	42	24	33
四川古宋	55	31	53	13	33
云南永德	55	22*	22	24	213

*注：原文云南永德阳平、上声调值相同，未说明原因。

	阴平	阳平	上声	去声	入声
云南镇康	44	——	42	35	313
云南曲靖	33	53	42	35	31
云南寻甸	44	53	31	13	42
云南丽江	42	31	——	55	24
云南剑川	44	42	31	55	13
云南洱源	44	53	42	24	31
云南宾川	33	42	53	13	31
云南云龙	33	53	31	55	13
云南大理	44	31	42	55	24
云南河口	55	31	212	44	阴入33 中入21 阳入24
贵州都匀	33	53	45	12	42
贵州平塘	33	53	34	13	42
贵州丹寨	33	53	44	13	42
贵州三都	33	53	44	13	42
贵州黎平	33	12	21	35	24
贵州独山	33	53	34	13	42
贵州赤水	55	21	42	13	33
贵州桐梓	55	21	42	13	33
贵州仁怀	55	21	42	13	33
贵州习水	55	21	42	13	33
贵州务川	55	21	42	24	33
贵州沿河	55	21	42	24	22
贵州德江	55	21	42	24	22
贵州思南	55	21	42	24	22
贵州印江	55	21	42	24	22

保留入声调的方言，其阴平、阳平、上声、去声字在普通话里一般也是同样的调类，方言区普通话学习者重点要学习普通话的调值。对于这些方言里的入声字，学习者要先确定其普通话的调类，再依据调类学习调值。

表3　西南官话方言古入声今读阴平（8个调查点）

	阴平	阳平	上声	去声	
四川雅安	55	21	42	14	
四川芦山	55	21	53	12	
四川名山	55	21	42	13	
四川汉源	55	21	42	12	古入声归阴平
四川石棉	55	21	53	24	
四川天全	55	21	42	13	
四川宝兴	44	21	53	213	
四川泸定	55	31	53	24	

表4　西南官话方言古入声今读去声（13个调查点）

	阴平	阳平	上声	去声	
四川筠连	55	31	42	14	
四川冕宁	55	41	35	22	
四川内江	55	31	42	213	
四川自贡	55	31	53	24	
四川隆昌	55	21	52	13	
四川富顺	55	31	52	13	
四川荣县	55	31	42	214	古入声归去声
四川井研	55	21	42	213	
四川仁寿	55	31	42	315	
四川威远	55	31	42	214	
云南大关	55	31	53	24	
云南镇雄	55	31	42	24	
云南盐津	55	31	42	24	

古入声字今读阴平和去声的方言区普通话学习者要注意，其四调、特别是阴平和去声里的有些字（古入声字）和普通话调类不同，要先确定调类再学习普通话的调值。西南官话中古入声字多为非鼻音韵母，可大致参考判断。

在宏观共性下，西南官话方言的声调也呈现"局部"和"渐变"的差异。地理上，西南官话区广大地区声调呈现"基本调值"，"局部"的差异表现在面积相对较小的四个方言片，声调离"基本调值"较远。这四个方言片是鄂北片、岑江片、黔南片、湘南片。鄂北片在湖北境内，是西南官话的东北角，除了南部是西南官话成渝片，其余三面被中原官话包围。鄂北片的声、韵、调均有一定中原官话的特点，声调参见下页表5"襄樊"条。岑江片、湘南片位于西南官话西南边界线上——岑江片和湘语相接。湘南片除了西南和西南官话相接，其余被湘语包围。黔南片、岑江片东西相接，这三片有湘语的特点。

西南官话"渐变"的差异主要指在"常见调值"的共性之下，同调类的调值呈现细微的差异。例如表5中的阴平调值，成都、泸定、内江、泸州、开远、武汉、汉寿、汉中等地为55，其他点有44、33、34。又如，表2至表4，共计95处调查点：阴平主要是高调55，但有约15%的调查点阴平为44或33，云南丽江一地阴平为降调42。

西南官话声调"局部"和"渐变"的差异实际上是声调系统的差异，有类别和语音实现上的不同。《中国语言地图集》（第2版）明确了西南官话在调形、调值和入声今读的系统性差异，确定了8个"常见调值"，见下表5。

表5 西南官话"常见调值"(13市县)

	阴平	阳平	上声	去声	入声
1a 成都	55	21	42	213	归阳平
1b 泸定	55	21	53	24	归阴平
1c 内江	55	21	42	213	归去声
1d 泸州	55	21	42	13	入声：33
1e 西昌	44	31	53	33	归阳平（多数）/ 入声：21（少数）
2 昆明	44	31	53	212	归阳平
3 开远	55	42	33	12	归阳平
4 保山	32	44	53	25	归阳平
5a 武汉	55	213	42	35	归阳平
5b 汉寿	55	213	42	阴35/阳33	阴平/阳去（少）
6 桂林	33	21	55	35	归阳平
7 襄樊	34	52	55	212	归阳平
8 汉中	55	21	24	212	清入、次浊入归阴平， 全浊入归阳平

注：引自李蓝（2009：75）。

对这8种13个小类的调值和前文出现的调值，方言区普通话学习者要注意："五度标调法"框架下标注的声调调值表示该系统内各调的音位区别，不代表声调的实际调形、调值。声调标注有宽式、严式之分，严式标注更接近实际调形、调值；而宽式则显示调类间区别，从而和实际调形、调值有一定的差距。例如，表5里标为55的声调有的可能是高平55或是高微升45。例如，在西南官话分区的重要参考文献《湖北方言调查报告》中，64个调查点，几乎每一点都有调值说明，再加上宽式标调的情况。例如"汉口"一地声调的记载是：

"阴平由'半高'升至'高'（45），宽式用高平调号（55）"；"阳平由'半低'降至'低'再升至'中'（213），宽式用低降升调号（313）"；"上声是中降调（42）"；"去声是高升调（35）"[①]。研究者的听辨感知、对宽式和严式的把握都会影响调值的标注，而后来学者在引述时对严式、宽式标注的不同取舍又会加大或减少对比材料中的同异。因此，对于研究者而言，要注意一手材料的声学分析，而对于语言学习者而言，不论方言和目标语之间差异的大小，都要注重差异，要有重新学习一个语音系统的心态。

（二）声母

除了云南的一些县市，西南官话的声母大多不区分 n、l。同一种方言内部，新老派之间，发音人之间，都有可能有不同的倾向，甚至发音人内部也不稳定，两者混用。西南官话一般不区分平舌音 z、c、s 和翘舌音 zh、ch、sh。西南官话多使用一套 z、c、s，有的又只有 zh、ch、sh。湖北中北部和云南的一些西南官话既有 z、c、s，也有 zh、ch、sh，但和普通话的分法不完全一样。此外要注意，西南官话方言标为翘舌音 zh、ch、sh 的声母，实际发音多数与普通话也不同，成阻部位较普通话靠前。西南官话超出普通话系统的声母主要有 /ŋ/、/z/、/ɣ/、/ɲ/、/v/。普通话的零声母音节在有些西南官话里有 ng/ŋ/ 或软腭擦音 /ɣ/[②] 声母，如"岸、熬、硬"声母为 /ŋ/ 或 /ɣ/。普通话的 r/ɻ/[③] 声母字在西南官话里，声母一般为 n/l、/z/、/ɣ/ 或零声母。如

---

① 见赵元任等（1948：74）。

② /ɣ/ 为国际音标符号，表示软腭擦音。

③ r/ɻ/，双斜杠内为国际音标，斜杠外是汉语拼音符号。后文拼音和国际音标同时出现时，同此标识。国际音标 /ɻ/ 为卷舌近音。

"热、绕、人",武汉话声母为 n/l①,成都话声母为 /z/,云南盐津为 /ɣ/,桂林为 /i/。西南官话有 /ŋ/、/v/ 声母,如成都话"泥、女、宁、验、议"声母为 /ŋ/,成都、重庆、桂林"吴、乌、武、物"的声母为 /v/。

辅音(声母)的发音由发音部位和发音方式决定。大致而言,主动发音器官靠近(擦音、边音)或接触(塞音、边音、鼻音)被动发音器官,气流从口腔(口腔音)或鼻腔(鼻音)通过,辅音形成。发音部位是被动发音器官和主动发音器官靠近或接触,气流通道变狭或成阻的位置。发音方式主要指辅音产生时气流通过的方式,例如塞音(气流先成阻,再释放),擦音(气流通过狭小通道产生持续的摩擦),塞擦音(气流先成阻、释放,同时产生持续的摩擦),近音(气流通道较擦音大,气流通过时无显著噪音)。塞(擦)音、擦音、近音产生时,气流从口腔通过,都是口腔音。鼻音则不同,是口腔某处成阻,软腭下降、鼻腔通道打开,气流从鼻腔通过。

普通话有 22 个声母。普通话声母表(参见表 6)纵向表头是发音方式,横向是发音部位(主动、被动发音器官)。被动发音器官一般指口腔上部的器官。主动发音器官主要指舌的不同部位和下唇。主动发音器官活动性强,它们移动、靠近、接触被动发音器官,为辅音的产生制造大小不同的气流通道。主动发音器官伸缩性大,主动发音器官上的成阻、摩擦部位,在发音、感知上都不及被动发音器官的稳定,由此国际音标表发音部位以被动发音器官定义。普通话学习者须注意基于被动发音器官确定气流成阻、摩擦的位置,并参考主动发音器官,训练普通话声母的标准发音。

---

① 语音符号间斜杠表示"或";斜杠前符号的情况更常见。

表6　普通话声母表（22个声母，含零声母）

被动发音器官	上唇	上齿	齿（龈）		龈腭	翘舌（龈腭）	软腭	零
主动发音器官	下唇	下唇	舌尖①		舌中	舌尖后	舌后	
塞音	b/p/ p/pʰ/			d/t/ t/tʰ/			g/k/ k/kʰ/	
塞擦音			z/ts/ c/tsʰ/		j/tɕ/ q/tɕʰ/	zh/tʂ/ ch/tʂʰ/		Ø
鼻音	m/m/			n/n/				
擦音		f/f/	s/s/		x/ɕ/	sh/ʂ/	h/x/	
近音				l/l/		r/ɻ/		

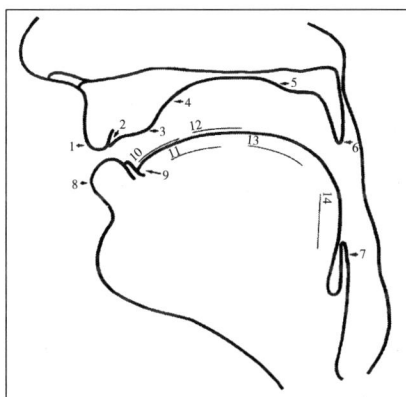

图1　发音器官示意图

1.上唇　2.上齿　3.龈脊　4.硬腭　5.软腭　6.小舌　7.会厌
8.下唇　9.舌尖　10.舌尖后　11.舌前　12.舌中　13.舌后　14.舌根

龈脊（见图 1，箭头 3）是普通话声母发音学习的一个重要参照。西南官话区学习者的重难点——n/l 和 zh、ch、sh 的发音，都和龈脊相关。人的龈脊构造不完全一样。有些人齿龈到硬腭间有拐角，有明显的凸起，类似图 1 箭头 3 所示。有些人齿龈到硬腭比较平滑，没有显著的凸起，这类学习者可将龈脊确定在上门齿根部往后约 2 厘米处。普通话 zh、ch、sh 声母发音方法：学习者"舌尖后"抬起，靠近（sh）或接触（zh、ch）"龈脊背 / 后"，吹气，则 zh、ch、sh 产生。若被动发音器官往前移，如"舌尖后"靠近或接触"齿龈"，zh、ch、sh 发音则会出现缺陷（不到位）；若被动发音器官再往前移，"舌尖"或"舌尖前"靠近或接触"上齿"，则会发出普通话的 z、c、s。

下文将介绍武汉、成都、重庆、贵阳、昆明、桂林六地的声母系统，并以此为基础，介绍西南官话声母系统及其特点。

武汉老三镇（武昌、汉口、汉阳）1949 年前方言有较大差别。1949 年后，三镇合并为武汉市，隔断三地的长江、汉水都通了大桥。经济、文化交流频繁，三地方言也渐趋一致。武汉话有新老派的差别。普通话中的 n、l 声母字，如"纳 / 辣、奈 / 赖、年 / 连、农 / 隆"，武汉老派声母都发 n，新派开始出现发 l，但不稳定；普通话 r 声母字，如"惹、绕、染、人、让"，武汉老派声母读 n，新派声母出现用 r 的情况；普通话零声母字，如"鹅、扼、矮、奥、藕、案、翁"，武汉老派声母读 ng/ŋ/，新派读零声母[1]。

---

[1] 参考朱建颂（2018）。依一手田野调查，有修改。

表 7　武汉话的 19 个声母（含零声母）

被动发音器官 主动发音器官	上唇 下唇	上齿 下唇	齿背 舌尖	齿龈 舌尖	龈腭 舌面	软腭 舌根	零声母
塞音	b/p/		d/t/			g/k/	
	p/ph/		t/tʰ/			k/kʰ/	
塞擦音			z/ts/		j/tɕ/		Ø
			c/tɕʰ/		q/tɕʰ/		
擦音		f/f/	s/s/		x/ɕ/	h/x/	
鼻音	m/m/		n/n/			ng/ŋ/	
近音				r/ɹ/			

　　武汉话有龈近音 r 声母，如"蕊、芮、枘、锐、睿"的声母 r[①]。我们选了其中可能在口语中出现的"锐"字做了个简单的调查。除了人名，"锐"字一般不在武汉话口语中出现。被调查的四位发音人：一名发音人（ZSQ，女，汉口，70 岁）发零声母，音近 yue；一名（GR，女，武昌，52 岁）发音 rui；另两名发音人（ZJ，女，武昌，39 岁；JCS，男，汉口，39 岁）认为 rui、yue 两可。r 声母使用非常有限。表中列出 r/ɹ/ 声母，以记录读音和语音的变异。

　　武汉话在表示亲热以及敬称对方时有龈腭鼻音 /ɲ/，如 n ɲia/na（意义近"您"），加"们"表多人的敬称，如 n ɲia/na men。考虑到声母表的系统性，不把 /ɲ/ 列在声母表中。和普通话相比，武汉话少了 zh、ch、sh、l 声母，r 声母使用很有限。武汉话比普通话多了声母 ng/ŋ/。包括零声母在内，武汉话有 19 个声母（参见表 7）。

---

① 参见朱建颂（2018）

表8　武汉话声母例字表

b	八绷白伴			d	搭动得 毒导			g	共□①ga ［剪/钳］ 间豇界戒	Ø	
p	爬朋拍 绊庇痹鄙②			t	踏桶特涂 堤			k	控看 揩ka 去敲		二衣鱼容绒荣
				z	杂重 触侧翅	j	夹进江 准				
				c	擦铳拆锄	q	桥庆 春像				
		f	法缝 腐饭	s	杀送塞熟 晨常尝	x	瞎信相 纯树唇	h	哄虎□ha［抓］ 苋咸鞋		
m	麻木 麦慢			n	辣浓宁 热肉认			ng	伢藕淹硬		

除了没有翘舌声母 zh、ch、sh、r，多了 ng/ŋ/ 声母，武汉话的其他声母和普通话基本相同。但两个系统的韵母，声韵搭配存在差异，武汉话和普通话之间还有其他形式的同字不同音，如表8中下划线的字。武汉话和普通话声母整体比较如下：

1.武汉话不区分平、翘舌声母，普通话的这两类声母在武汉话中都是平舌声母 z、c、s。

2.普通话的 r 声母字在武汉话中一般读作 n 声母。例如，惹 ne、绕 nao、染 nan、热 ne、燃 nan、人 nen、壤 nang、弱 nuo、肉 nou；或读作零声母，如入 yu、软 yuan、日 /ɯ/。

---

① 方言里有音无字或用字不明的用□表示。

② 和普通话比较，方言里较系统或特殊的不同发音用下划线标识。

3.普通话音节 róng 在武汉话里为零声母 iong，如"茸、荣、绒、容、蓉、融、溶、榕、熔"。

4.普通话有些零声母字在武汉话有声母 ng。例如，哑 nga、屙 ngo、挨 ngai、熬 ngao、按 ngan、藕 ngou、硬 ngen。

5.普通话中有些 j 声母字的在武汉话读作 g 声母字。例如，皆 gai、阶 gai、街 gai、解 gai、介 gai、界 gai、届 gai、戒 gai。又如，间 gan，拣 gan。

因武汉话不区分 n、l 声母、一般读作 n；r 声母字又很多归到 n 声母，所以武汉话 n 声母字明显多于普通话。因为普通话中零声母字一部分被读作 ng 声母，所以武汉话零声母字比普通话少。此外，比较系统的不同，如常用字中，武汉话和普通话送气、塞擦还是擦音情况不同，如"绊 pan、堤 ti、像 qiang、缸 gang、间 gan、纯 xun、晨 sen"。

成都和重庆方言分别是川东和川西方言的代表。这两地的声母系统有很大的共性。两者主要的区别是：成都话有 21 个声母，重庆话有 20 个声母。成都话比重庆话多一个声母 /ŋ/。成都话中，普通话韵母为 i 或有 i 介音的零声母字读作 /ŋ/ 声母，如"艺 ŋi、宜 ŋi、议 ŋi、严 ŋian、验 ŋian、业 ŋie"，重庆话声母读 n/l。现在，普通话的这类零声母字，成都话和重庆话都有读作零声母的趋势。

和普通话相比，成都话和重庆话都少了 zh、ch、sh、r 声母，不区分 n、l；成都话多了 /z/（普通话的 r 声母）、ng/ŋ/（普通话的零声母）、/ŋ/、/v/ 四个声母；重庆话多了 /z/（普通话的 r 声母）、ng/ŋ/（普通话的零声母）、/v/ 三个声母。

表 9 和表 10 分别为成都和重庆的声母系统情况。

表9 成都话的21个声母（含零声母）[①]

被动发音器官 主动发音器官	上唇 下唇	上齿 下唇	齿背 舌尖	齿龈 舌尖	龈腭 舌面	软腭 舌根	零声母
塞音	b 八绷白伴		d 搭动得毒			g 哥共狗敢	
	p 爬朋拍绊鄙庇痹		t 踏桶特涂导堤			k 颗控口看敲	
塞擦音			z 杂重资张翅触		j 夹进酒江		Ø 二衣鱼
			c 擦铣拆锄造择燥撞		q 桥庆去像		
擦音		f 法缝腐饭胡忽呼虎	s 杀送塞树晨唇常尝		x 虾信遂（遂宁）俗	h 喝红后汗鞋	
		v 乌吴五	/z/[②] 日认锐肉热绒				
鼻音	m 麻木麦慢			n 怒路流能	/ɲ/ 泥女宁验议	ng/ŋ/ 藕淹硬咬安	
近音				(l 怒路流能)[③]			

---

①参考王文虎等（1987），黄尚军（2006），何婉（2008），周巧婷（2012）。

②注意 /z/ 是国际音标，带声齿擦音，不是普通话拼音 z。普通话拼音 z 是不带声齿塞擦音，国际音标 /ts/。

③两读情况同时出现时，较少出现的用括号标识。

表 10　重庆话的 20 个声母（含零声母）[①]

被动发音器官	上唇	上齿	齿	齿龈	龈腭	软腭	零声母
主动发音器官	下唇	下唇	舌尖	舌尖	舌面	舌根	
塞音	b 布步		d 到道			g 贵歌街	
	p 怕盘		t 太同			k 开哭敲	
塞擦音			z 人绕		j 精经		Ø 衣羊 女容荣
			c 曹昌		q 秋齐		
擦音		f 呼胡	s 思师尝唇		x 修休	h 话化鞋	
		v 吴乌 五物	/z/ 惹绒日				
鼻音	m 麻门			n 怒路业严		ng/ŋ 岸硬	
近音				(l 怒路业严)			

　　成都、重庆不区分 n、l 声母，不同发音人和同一发音人也会出现 n、l 混用。声母表里列 n 或 l，表 9、表 10 列出两者以说明这种 n、l 混用的情况。此外，和武汉话一样，成都、重庆的 ng 声母字出现 ng 和零声母两读的现象。

　　与武汉话相同，成都、重庆方言和普通话的差异表现在：成都和重庆话只有一套 z、c、s，不区分 n、l，多发 n；普通话 r 声母字读作他类；部分普通话零声母字读作 ng 声母，如"藕、淹、硬、咬、安"；部分普通话的塞擦音声母读作擦音声母，如"晨 sen、常 san、尝 sang"。

　　成都、重庆方言与武汉话不同之处在于：

[①] 参考王文虎等（1987），曾晓渝（2013），韩唯玮（2013）。

1.普通话 r 声母字，成都和重庆话多读作 /z/ 声母；

2.普通话 n 声母、韵母或介音是 i，ü 的字，成都和重庆话多读作 ȵ 声母，如"你 ȵi、女 ȵü、宁 ȵin"；

3.普通话部分 h 声母字，成都和重庆话读作 f 声母，如"呼 fu、忽 fu、湖 fu、壶 fu、虎 fu、互 fu"。

贵阳话有 20 个声母（参见表 11），与普通话相比，有以下特点：少了 zh、ch、sh、r 声母；n/l 不分，多发 l；多了 /z/、ng 两个声母。普通话的 r 声母字，贵阳话一般发为 /z/ 或零声母，如"弱 /zo/、热 /ze/、染 /zan/、瓤 /zang/"和"容 iong、荣 iong"。

表 11　贵阳话 20 个声母（含零声母）①

被动发音器官	上唇	上齿	齿	齿龈	龈腭	软腭	零声母
主动发音器官	下唇	下唇	舌尖	舌尖	舌面	舌根	
塞音	b 巴步白			d 多弟达		g 高共跪	Ø 依儿容
	p 坡平拍			t 土桃太		k 开看狂	
塞擦音			z 走助赵		j 姐级近		
			c 粗才超		q 七全像		
擦音		f 夫风胡	s 苏声常		x 些习学	h 和红喝	
		v 乌吴舞	/z/ 人热日				
鼻音	m 霉门麦			（n 南女严）		ng/ŋ/ 崖硬矮	
近音				l 南女严			

---

① 参考汪平（1981），涂光禄（1982）。

贵阳话和普通话声母的不同，基本没有超出武汉、成都、重庆三地和普通话的差异。略有不同的是，普通话中的 ng 声母字，武汉、成都、重庆三地有读作零声母的现象，但在贵阳话里读作 ng 声母。此外，这四地阳平字里 ku 音节声母有擦音化，如"哭 /kʰfu/"。

表 12　桂林话的 19 个声母（含零声母）[①]

被动发音器官 主动发音器官	上唇 下唇	上齿 下唇	齿 舌尖	齿龈 舌尖	龈腭 舌面	软腭 舌根	零声母
塞音	b 巴白不			d 搭刀		g 歌街虹	Ø 一日热容武
	p 扒鄱			t 脱偷躺		k 阔概敲	
塞擦音			z 直仔助		j 鸡夹吸		
			c 吃刺充		q 起缺抢		
擦音		f 发粉飞	s 时死晨		x 稀虾香	h 火巷鞋	
鼻音	m 麻蛮木	v 晚外闻		n 拿乐廊		ng/ŋ/ 安藕咬	

桂林话有 19 个声母（参见表 12）。和普通话相比：桂林话少了 zh、ch、sh 声母，普通话平、翘舌声母，桂林话均发作 z、c、s；普通话 r 声母字，桂林话读作 i 声母或以 i 开头的复元音音节，如"日 i、人 ien、热 ie、绕 iao、荣 iong"；桂林话 n、l 混用，n 更常见；桂林话比普通话多了 ng/ŋ/ 声母，部分普通话零声母字在桂林话中发作 ng 声母。

[①] 参考杨焕典（1982），钟雪珂（2015），唐磊（2016）。

表 13　昆明话的 23 个声母（含零声母）①

被动发音器官 主动发音器官	上唇 下唇	上齿 下唇	齿 舌尖	齿龈 舌尖	龈腭 舌面	前腭 舌下	软腭 舌根	零声母
塞音	b 巴杯般			d 打夺动			g 谷国则	
	p 爬配鄱			t 太踏桶			k 哭考恐	
塞擦音			z 在坐脏		j 基叫减		zh 直招章	
			c 才错促		q 掐瞧全		ch 处超床	Ø 鸦雨卫用
擦音		f 飞房风	s 四事送		x 下向咸		sh 扇书失	h 旱红很	
		v 五味晚						
鼻音	m 麻门棉			n 男奴嫩				
近音				l 辣绿烂			r 人热弱	

昆明话有 23 个声母（参见表 13）。普通话零声母字"乌、味、文、晚、望"，老派昆明话读作"vu、vei、ven、van、vang"，新派 v 声母已少见。普通话"ku"，昆明话发音近"kfu"。除了 v 声母，昆明话的声母组成和普通话大致相同：区分 z、c、s 和 zh、ch、sh；有 r 声母；区分 n、l；没有 ng 声母。这和前面介绍的几种西南官话方言都不同。新派昆明话 v 音节字读作零声母或两读。

昆明的 zh、ch、sh 和同部位的 r 声母，被动发音器官的位置比普通话的 zh、ch、sh、r 略靠前，约在龈腭交界前，没有达到龈脊背

---

① 参考卢开礴（1990），吴积才、颜晓云（1986）。

和硬腭前。西南官话区出现的 zh、ch、sh、r 声母多是这种语音性质。该方言区普通话学习者要注意到自己方言中 zh、ch、sh、r 声母和普通话声母发音的差异，避免出现发音缺陷。此外，普通话读作 zh、ch、sh 的，有些在昆明话里读作 z、c、s，如"争 zeng、初 cu、声 seng"。昆明话和普通话 n、l 声母字基本相同，但也有少数和普通话不同的情况，如"宁"声母 l，"略、类、良"声母 n。普通话有些零声母字如"疑、宜、仰"，昆明话读作 n 声母字，"逆"在昆明话中声母为 l。（罗常培 1983）

（三）韵母

以往研究对西南官话中武汉、成都、重庆、贵阳、昆明、桂林六地声、韵母系统的归纳不尽相同。这主要缘于不同的研究目的、研究观念和语言变化的事实。本书在注意音系的基础上对声母、韵母系统的归纳，也反映了当前语音的实际情况以及西南官话与普通话之间的差异，以帮助方言区学习者学习普通话。

普通话有 39 个韵母，而 6 个西南官话代表地的韵母数如下：武汉 40 个，成都 36 个，重庆 37 个，贵阳 32 个，昆明 30 个，桂林 36 个。

表 14　普通话的 39 个韵母 [1]

介音	开韵尾				滑音韵尾 –j/w				鼻音韵尾 –n/ŋ			
	-ø-	-j-	-w-	-ɥ-	-ø-	-j-	-w-	-ɥ-	-ø-	-j-	-w-	-ɥ-
1		i [i] 衣	u [u] 乌兔	ü [y] 狱鱼					en [ən] 恩喷	in [in] 因	un [uən] 温	ün [yn] 晕

---

① 拼音及国际音标参考国家语委（2004：18–23），系统安排参考朱晓农（2010：307）。

介音	开韵尾				滑音韵尾 –j/w				鼻音韵尾 –n/ŋ			
	-Ø-	-j-	-w-	-ɥ-	-Ø-	-j-	-w-	-ɥ-	-Ø-	-j-	-w-	-ɥ-
2	e [ɤ] 鹅	ie [iE] 夜街		üe [yE] 月	ei [eɪ] 杯		ui [uei] 威随		eng [ɤŋ] 烹	ing [iŋ] 英	ueng [uɤŋ] 绷	
3	o [o̝] 波		uo [uo̝] 窝		ou [əʊ] 偷	iu [iəʊ] 柚				iong [iʊŋ] 雍永	ong [uŋ] 东荣	
4	ɑ [A] 阿	ia [iA] 牙	ua [uA] 蛙		ai [aɪ] 爱		uai [uai] 歪		an [an] 安	ian [iæn] 烟	uan [uan] 弯	üan [yæn] 冤
5					ao [aʊ] 熬	iao [iaʊ] 药			ang [aŋ] 帮	iang [iaŋ] 央	uang [uaŋ] 汪	
6	-i [ɿ] 资 -i [ʅ] 知 er [ər][ar] 儿二 ê [E] 欸											

表 15　武汉话的 40 个韵母 [①]

介音	开韵尾				滑音韵尾 –j/w				鼻音韵尾 –n/ŋ			
	-Ø-	-j-	-w-	-ɥ-	-Ø-	-j-	-w-	-ɥ-	-Ø-	-j-	-w-	-ɥ-
1		i 衣	u 乌	ü 入鱼					en 喷 烹吞	in 英因	un 温	ün 晕永
2	[ɤ] 北拍吓		[uɤ] 说国		ei 杯随		ui 威					
3	[e] 呸	ie 夜血		üe 月								

---

① 参考朱建颂（2017）。

续表

介音	开韵尾				滑音韵尾 –j/w				鼻音韵尾 –n/ŋ			
	-∅-	-j-	-w-	-ɥ-	-∅-	-j-	-w-	-ɥ-	-∅-	-j-	-w-	-ɥ-
4	[ɛ] 漫太在	[iɛ] 点										
5	o 窝河	io 药学			ou 偷兔	iu 柚狱				ing 雍荣	ong 东绷木	
6	[ɔ] 糟	[iɔ] 肴										
7	a 阿烫	ia 牙	ua 蛙		ai 败街		uai 歪		an 班短	ian 烟	uan 弯	üan 冤
8					ao 刀	iao 腰			ang 帮	iang 央	uang 汪	
9	[ɿ] 资知 [ɯ] 二去											

和普通话相比，武汉话没有后鼻音韵母 ing、eng。普通话的 in、ing 韵母和 en、eng 韵母在武汉话里分别为 in 和 en，这也是西南官话比较普遍的现象。普通话 uo 韵母字，如"国、或、说"，汉口老派发 [uɤ]；武昌及新派发 [o]。少量普通话 ai、an、ian 韵母的常用字在武汉话中读作 [ɛ][iɛ]。其中 [ɛ] 在称谓"老、太"或其简称"太"中使用比较稳定，而"慢、太、在"两读，可发 man、tai、zai 或三字韵母均为 [ɛ]。表语用意时（如客气、夸张）多为第二个读音。

表 16 和表 17 分别是成都话和重庆话的韵母系统。两者主要的差别是重庆话比成都话多了韵母 [yu]，如重庆话里"局、曲、育"的韵母为 [yu]，成都话的韵母为 [y]。此外，两个系统的主要区别还在于韵母实际语音略有不同。如"偷、受、口"和"丢、九、秀"两组字，成都话韵母为 [əu][iεu]，重庆话为 [ou][iou]。

表 16 成都话的 36 个韵母 ①

介音	开韵尾				滑音韵尾 j/w				鼻音韵尾 n/ŋ			
	-Ø-	-j-	-w-	-ɥ-	-Ø-	-j-	-w-	-ɥ-	-Ø-	-j-	-w-	-ɥ-
1		[i] 衣	[u] 绿兔	[y] 需					[ən] 等喷	[in] 因英	[uən] 温	[yn] 晕
2	[ɛ] 白特	[iɛ] 夜街 去	[uɛ] 国	[yɛ] 月	[ei] 杯		[uei] 威随					
3	[o] 波河			[yo] 脚	[əu] 偷欧	[iəu] 柚					[oŋ] 东朋	[yŋ] 雍永
4	[a] 阿	[ia] 牙	[ua] 蛙		[ai] 菜鞋	[iai] 介延	[uai] 歪		[an] 半	[ian] 烟	[uan] 弯	[yan] 冤
5					[au] 熬	[iau] 腰			[aŋ] 帮	[iaŋ] 央	[uaŋ] 汪	
6	[ɿ]资知 [ɚ]儿二											

表 17 重庆话的 37 个韵母 ②

介音	开韵尾				滑音韵尾 j/w				鼻音韵尾 n/ŋ			
	-Ø-	-j-	-w-	-ɥ-	-Ø-	-j-	-w-	-ɥ-	-Ø-	-j-	-w-	-ɥ-
1		[i] 衣	[u] 绿兔	[y] 需					[ən] 等喷	[in] 因英	[uən] 温	[yn] 晕
2	[ɛ] 白特	[iɛ] 夜街	[uɛ] 国	[yɛ] 月	[ei] 杯		[uei] 威随					
3	[o] 波河			[yo] 脚	[ou] 偷欧	[iou] 柚					[oŋ] 东朋	[yŋ] 雍永
				[yu] 局曲 育								

① 参考邓英树，张一舟（2010）。

② 参考王文虎等（1987），黄尚军（2006），何婉（2008），周巧婷（2012）。

续表

介音	开韵尾				滑音韵尾 j/w				鼻音韵尾 n/ŋ			
	-∅-	-j-	-w-	-ʅ-	-∅-	-j-	-w-	-ʅ-	-∅-	-j-	-w-	-ʅ-
4	［a］阿	［ia］牙	［ua］蛙		［ai］菜鞋	［iai］介延	［uai］歪		［an］半	［ian］烟	［uan］弯	［yan］冤
5					［au］熬	［iau］腰			［aŋ］帮	［iaŋ］央	［uaŋ］汪	
6	［ʅ］资知 ［ɚ］儿二											

贵阳话有 32 个韵母（参见表18），数量比武汉、成都、重庆的都少。比之上述三地和普通话，贵阳话少了单韵母 ü 和以 ü 开头的复元音、鼻音韵母，这些韵母字在贵阳话为 i 和以 i 开头的复元音、鼻音韵母字。新派贵阳话开始出现 ü 类韵母。

表18　贵阳话的 32 个韵母①

介音	开韵尾				滑音韵尾 j/w				鼻音韵尾 n/ŋ			
	-∅-	-j-	-w-	-ʅ-	-∅-	-j-	-w-	-ʅ-	-∅-	-j-	-w-	-ʅ-
1		［i］衣雨徐	［u］兔做						［ən］恩硬	［in］因英	［uən］温	
2	［e］白黑去	［ie］街雪歇	［ue］国		［ei］杯内		［uei］随					
3	［o］哥割桌	［io］学脚削			［əu］偷	［iəu］柚			［oŋ］东棚荣	［ioŋ］用永		
4	［a］巴茶蜡	［ia］鸭瞎家	［ua］蛙		［ai］太鞋		［uai］歪		［an］半	［ian］烟	［uan］弯	
5		［iu］育俗			［au］熬敲	［iau］咬			［aŋ］帮	［iaŋ］央	［uaŋ］汪	
6	［ʅ］资知 ［er］儿二耳											

---

① 参考汪平（1983），吴伟军等（2017）。

贵阳话有些较特别的两读。贵阳话在 g，k，ng/ŋ/ 声母后出现 i 介音，如"狗、口、呕"韵母为 ou，iou 两读，iou 较老派。贵阳话 er 开口度比北京话"儿、耳、二"小，少数人发 e，有些人发为两读。

新派贵阳话出现了韵母 ü，如"ü 橘雨、üe 月学、ün 晕、üan 冤"。这些与 ü 有关的韵母字一般两读，ü 类或 i 类韵母（如：橘 ü/iu、雨 ü/i、月学 üe/io、晕冤 üan/ian），实际使用中有一定的差异。

昆明话和普通话声母有很大的共性，但昆明话的韵母和普通话的很不相同。昆明话没有 ü 韵母；除了 ong，iong，其他普通话的前后鼻音韵母在昆明话里都是鼻化韵。昆明话的韵母见表 19。

表 19　昆明话的 30 个韵母 [①]

介音	开韵尾				滑音韵尾 j/w				鼻音韵尾 n/ŋ/ 鼻化韵			
	-ø-	-j-	-w-	-ɥ-	-ø-	-j-	-w-	-ɥ-	-ø-	-j-	-w-	-ɥ-
1		[i] 驴玉	[u] 兔木						[ə̃] 奔灯	[ĩ] 因英	[uə̃] 吞	
2	[ə] 白黑河	[iɛ] 夜月			[ei] 杯		[uei] 对内累					
3	[o] 波国罗	[io] 悄确学			[əu] 偷	[iəu] 有				[ioŋ] 用荣	[oŋ] 东风	
4	[A] 阿	[iA] 家压	[uA] 蛙						[ã] 班帮	[iã] 羊	[uã] 端光	
5		[iu] 育屈								[iɛ̃] 边元		
6	[æ] 败鞋		[uæ] 歪									

[①] 参考张华文，毛玉玲（1997）。

续表

介音	开韵尾				滑音韵尾 j/w				鼻音韵尾 n/ŋ/ 鼻化韵			
	-∅-	-j-	-w-	-ɥ-	-∅-	-j-	-w-	-ɥ-	-∅-	-j-	-w-	-ɥ-
7	[ɔ] 包	[iɔ] 标										
8	[ɿ] 资	[ʅ] 知	[ɚ] 儿二									

此外，昆明话和普通话韵母的差别还表现在普通话的韵母 ai、uai、ao、iao 在昆明话里单元音化，变为 [æ][uæ][ɔ][iɔ]。

桂林话也有鼻化韵。普通话含 a 的前后鼻音韵母，桂林话发作鼻化韵（参见表 20）。

表 20　桂林话的 36 个韵母 [①]

介音	开韵尾				滑音韵尾 j/w				鼻音韵尾 n/ŋ/ 鼻化韵			
	-∅-	-j-	-w-	-ɥ-	-∅-	-j-	-w-	-ɥ-	-∅-	-j-	-w-	-ɥ-
1		[i] 衣	[u] 兔做	[y] 橘雨					[ən] 跟更	[in] 因英	[uən] 温	[yn] 晕倾
2	[ə] 二耳				[ei] 飞		[uei] 鬼					
3	[e] 白拍	[ie] 夜		[ye] 月雪								
4	[æ] 街来		[uæ] 歪									
5	[o] 波				[ou] 沟	[iou] 柚		[yo] 削脚	[oŋ] 东	[ioŋ] 用		
6	[ɔ] 高桃	[iɔ] 咬										

---

① 参考杨焕典（1982），钟雪珂（2015）。

介音	开韵尾				滑音韵尾 j/w				鼻音韵尾 n/ŋ/ 鼻化韵			
	-ø-	-j-	-w-	-ɥ-	-ø-	-j-	-w-	-ɥ-	-ø-	-j-	-w-	-ɥ-
7		[iu] 育俗										
8	[a] 阿	[ia] 鸭	[ua] 蛙						[ã] 半	[iã] 烟	[uã] 弯	[yã]
9									[aŋ] 帮	[iaŋ] 央	[uaŋ] 汪	
10	[ɿ] 资知		[ŋ̩] 我们									

桂林话［ai］［au］从前一单元音到后一单元音的滑动幅度很小，有单元音化的倾向，为表示和普通话的区别，记作［æ］［ɔ］。

普通话和西南官话六地方言的声母、韵母、声调数比较，见表21。

表21　普通话和西南官话六地声母、韵母、声调数目比较

	普通话	武汉	成都	重庆	贵阳	昆明	桂林
声母	22	19	21	20	19	23	19
韵母	39	40	36	37	32	30	36
声调	4						

| 第二章 |

西南官话区人学习普通话语音

一、声调

（一）西南官话与普通话单字调比较

调形、调值的异同

普通话的调形、调值：

（1）阴平高平，调值55。

（2）阳平高升，调值35。

（3）上声降升，调值214。

（4）去声高降，调值51。

西南官话的调形、调值：

（1）阴平常见高平或次高平，调值55或44。

（2）阳平常见降调或降升，多为该系统的低调，调值21或213。

（3）上声常见降调，调值53或42。

（4）去声常见升调，调值213或35。

第一章"声调"小节中已述"五度制"标注的调值表示该系统内各调相对调形、调值区别（音位区别），方言区普通话学习者要避免认为自己的方言和普通话声调五度转写的调值一样，声调发音就相同。例如，武汉话、重庆话和普通话阴平都标为55，实际上这两种方言的阴平与普通话的有一定的区别。普通话声调声学图及五度转写示意图见图2。

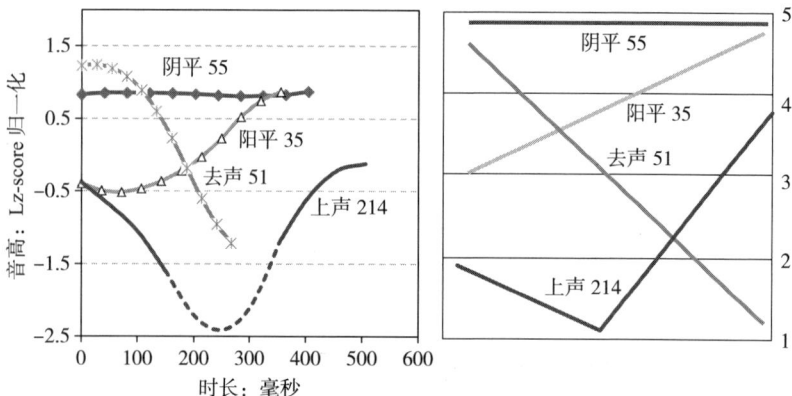

图2 普通话声调图（左）及五度转写（右）示意图

图2（右）是普通话四个声调的五度转写，阴平高平55、阳平高升35、上声降升213、去声高降51。图2（左）的声学图来自一名普通话水平"一级甲等"的普通话国家级测试员。图2（左）既代表了实际语音，也说明了普通话四调的相对音高：阴平相对最高、调形平；阳平高升；上声降升、中间嘎裂（虚线部分）；去声高降。语言学研究领域对普通话上声的语言和语音性质有过深入的探讨，普通话上声是"（纯）低调"（语言学意义），调形（语音实现）有不同——有低平、前凹、中凹（图2）等，嘎裂（听感上不平滑的断裂）是普通话上声比较普遍的伴随性特征。普通话是规范性语言，学习普通话单字声调要注意学习标准的形式：高平的阴平、高升的阳平、降升的上声和高降的去声。

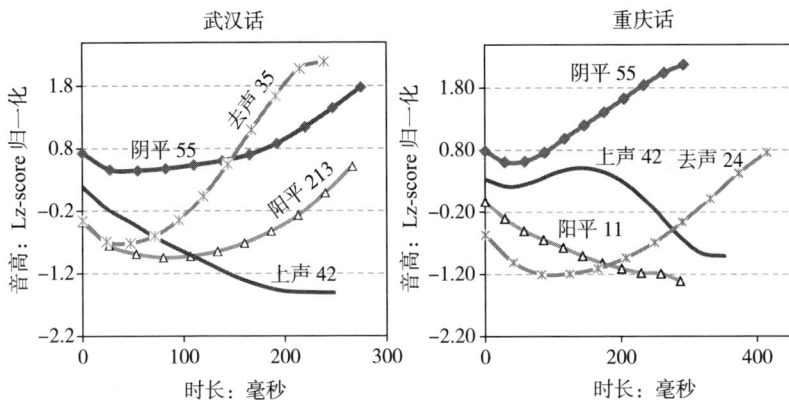

图 3　武汉话（左）重庆话（右）声调图

图 3 是武汉和重庆两地的声调图。比较图 2 和图 3 可见：普通话和武汉、重庆标调相同或相近的调类，其实际调形、调值有一定的差别。西南官话方言区普通话学习者要特别注意阴平。阴平在三个系统同标为 55，但普通话的阴平音高曲线确实"平"，而武汉话和重庆话的阴平有一定的上升，并不像普通话的阴平那么平。另外，从与其他三个声调的关系来说，重庆话的阴平远高出其他三声，武汉话的阴平稍低于去声，而普通话的阴平基本是系统中最高的。听感上比较，武汉和重庆的阴平也没有普通话的那么高。西南官话方言区普通话学习者要好好练习普通话阴平，避免因调形微升或音高不够高而产生发音缺陷。五度转写普通话的上声 214 和武汉话的阳平 213 也很接近，但实际语音也有较大的差异——普通话上声中凹明显，而武汉话的阳平曲线无明显的降幅。武汉的普通话学习者若依照自己阳平的发音习惯学习普通话的上声，势必造成缺陷或错误。

方言一般没有标准语音范式的要求，约束语音变异的基本就是语言系统的内部规则。因此，方言使用者会有更多的发音变化和语音自由变异。普通话则不同，声调不仅要满足系统区别的要求，还要满足规定性，如阴平调值 55 才算标准。

对方言区普通话学习者而言，要仔细体会方言和普通话之间的差异，参照标准样本学习普通话声调，避免将较为宽松的"方言习惯"运用到普通话的声调中。

（二）重点和难点

1. 入声字的分派

入声字的分派是西南官话区普通话声调学习的重点和难点。普通话和西南官话各方言中的同字不同调类，主要是由于入声分派不同造成的。

（1）西南官话各方言声调的特征是古入声（不论清、浊）主要派入阳平；而在普通话里全浊入多归阳平，次浊入多归去声，清入分派到四声。西南官话区人学说普通话时，要把入声字分别派入普通话阴平、阳平、上声、去声四个声调。例如，入声字"黑、白、雪、月"在西南官话中一般读作阳平，但在普通话中要分别读作，"黑（阴平）、白（阳平）、雪（上声）、月（去声）"四个调类。

（2）西南官话区少数地方，入声字的归属不是"派入阳平"，分为：

①入声字归入阴平，如四川的雅安、泸定等地。

②入声字归入去声，如四川的大关、内江等地。

③还有些地方保留了入声，如湖北的天门、仙桃、京山、松滋、公安、石首；四川的泸州、眉山；云南的大理、曲靖；贵州的三都、习水等地。

还有其他一些入声不归阳平的方言点情况。掌握方言入声字在普通话里的调类是普通话学习重要的一步。入声字在普通话里的分派规律见本章"常用入声字声调训练"。

2. 准确的调形

掌握正确的调类和调形是普通话单字声调学习的重要内容。西南官话和普通话声调系统比较，见表 22。

表 22　西南官话和普通话声调系统比较

	阴平	阳平	上声	去声	入声
普通话	55	35	214	51	全浊→阳平
					次浊→去声
					清入→四声
武汉	55	213	42	35	
成都	55	21	53/42	213	
重庆	55	11	42	24	
贵阳	55	21	53	24	阳平
昆明	44	31	53	212	
桂林	44/33	21	53/55	35	

普通话的阴平高、调形平，而西南官话阴平高、中高（55、44、33），调形微升或升。西南官话区普通话学习者要避免普通话阴平发音出现缺陷——调形不够平、调值不够高。普通话的阳平调与西南官话的阳平调，调形差别比较大。普通话阳平调是高升、上扬；西南官话阳平调一般是低调，调形为降调或低降升调。方言区学习者练习时要注意普通话阳平起点高且上升明显的特点。普通话的去声是高降，西南官话的去声是低调、降升（成都、贵阳、昆明）或高升（武汉、桂林）。学习者要注意普通话降调去声起点高的特点。西南官话多数方言区，上声调是高或中降，而普通话是降升调，学习者要依照"下降＋上升"的标准形式进行训练。

西南官话和普通话古调类的今读调类有很大的共性。整体而言，除了古清入和次浊入，西南官话和普通话的其他古调类字今天大致同字同调类。西南官话区学习者学习普通话声调的问题，主要是四调发音的缺陷或错误。以武汉人为例，尤其是普通话水平测试二级乙等和三级水平的武汉人，读普通话阴平调，往往调尾微升，且整体比普通话阴平低；读普通话的阳平调，经常带有轻度的"降升"倾向，为"324"或"335"；而读普通话的上声调，多数人会"只降不升"，把普通话的上声调读作21、211、31、311；读普通话的去声调时，即便有些达到一级乙等的武汉人，也有去声调调尾上扬的倾向，这很可能是受了方言声调的影响。

（三）声调正音训练

1. 单字调训练

（1）阴平训练

ān	āo	bān	bāng	bāo	bēi	bī	biān	biē	bō
安	凹	班	帮	包	悲	逼	边	憋	拨
bō	cā	cāng	chāi	chēng	chī	chōng	chū	chuō	cū
波	擦	苍	拆	撑	吃	充	出	戳	粗
dā	dī	diān	dū	duān	dūn	ēn	gū	guō	guō
搭	滴	掂	督	端	蹲	恩	孤	郭	锅
hōng	huī	jī	jī	jiā	jiāo	kāi	kāi	kuī	lāo
轰	挥	积	激	加	礁	开	揩	亏	捞
līn	nī	pāo	pī	piē	pō	qī	qiāng	shā	shāo
拎	妮	抛	坯	瞥	坡	七	枪	杀	烧
shē	shōu	tān	tī	tiān	tiān	tū	tuī	tuō	wā
奢	收	滩	踢	天	添	突	推	托	挖
wā	xiāo	xuān	yān	yē	yī	yī	yīn	yīng	yuān
洼	消	宣	淹	椰	一	伊	因	英	冤
zēng	zhāo	zhōu	zhū						
憎	招	周	朱						

（2）阳平训练

bí	bó	cán	chá	chán	chén	chéng	chú	chuán	chún
鼻	博	残	察	缠	晨	成	除	传	唇
dú	ér	fáng	guó	hán	háo	háo	hóng	huá	huái
独	而	房	国	寒	豪	嚎	洪	滑	槐

huáng	huí	jí	jí	jiá	jú	jué	kuáng	kuí	lái
黄	回	及	即	颊	橘	绝	狂	葵	来
láo	liáo	lín	líng	lóu	máo	máo	méng	mí	mián
牢	聊	林	铃	楼	毛	矛	萌	谜	眠
mián	mián	miáo	mó	mó	páo	péng	pín	pó	qí
绵	棉	瞄	模	膜	袍	朋	贫	婆	奇
qióng	róng	sháo	shé	shí	shí	shí	shú	tán	tián
穷	荣	勺	舌	石	时	实	熟	谈	田
tóng	tún	tuó	wéi	wú	xuán	xué	yá	yá	yáng
佟	屯	驼	围	无	悬	学	芽	崖	阳
yíng	yú	yuán	yún	zá	zé	zhá	zhú		
营	愚	原	云	杂	则	闸	竹		

（3）上声训练

ǎi	ǎo	bǎng	bǎo	běi	bǐ	bǐ	bǐ	biǎo	bǐng
矮	袄	绑	饱	北	彼	笔	鄙	表	饼
bǐng	chǎng	chǎo	chǐ	chǒng	chǔn	cǐ	dǎi	dǎo	diǎn
禀	场	炒	尺	宠	蠢	此	歹	导	点
diǎn	dǒng	gǎi	gǎo	gǎo	gǒng	gǔ	guǎ	guǎn	guǎn
碘	懂	改	搞	稿	汞	股	寡	馆	管
guǎng	guǐ	gǔn	guǒ	hǎi	hǎn	hǎo	huǐ	huǒ	jǐ
广	轨	滚	果	海	喊	好	毁	火	己
jiǎ	jiǎn	jiǎn	jiǎn	jiǎng	jiǎng	jiǎo	jiǎo	jǐng	jiǒng
甲	茧	捡	碱	桨	蒋	娇	脚	景	炯
jiǔ	jǔ	kǎo	kě	kě	kǒng	kǒng	kuǎ	kuǎn	kǔn
酒	举	烤	可	渴	孔	恐	垮	款	捆
lǎo	lǐ	liǔ	lǒu	lǚ	lǚ	mǎi	miǎn	miǎo	mǒ
老	理	柳	篓	铝	屡	买	勉	渺	抹
nǔ	ǒu	pěng	pǐ	pǐn	qǐ	qiě	rě	rěn	shǎ
努	藕	捧	癖	品	启	且	惹	忍	傻
shěn	shǒu	shuǐ	sǐ	sǔn	sǔn	tiǎn	tiě	tǒng	tǒng
审	手	水	死	损	笋	舔	铁	统	捅
tǒng	tǒng	tǔ	tuǐ	tuǒ	wěi	wǔ	wǔ	xǐ	xiǎn
桶	筒	土	腿	妥	委	午	舞	洗	险
xiǎng	xiǎng	xiǎo	xǔ	xuǎn	yǎ	yǎn	yǎn	yǎn	yǎng
饷	想	小	许	选	雅	衍	掩	眼	氧
yǎng	yě	yǐ	yǐ	yǐn	yǒng	yǒng	yǒu	yǔn	zǎo
痒	也	乙	倚	引	勇	涌	有	允	枣
zhǎ	zhǎng	zhǎo	zhě	zhěng	zhǐ	zhǐ	zhǒng	zhǒu	zhǔ
眨	长	找	褶	整	址	纸	肿	肘	主
zǐ	zuǒ								
子	左								

（4）去声训练

ào	bà	bìng	bù	cè	chì	dù	duàn	è	fù
奥	坝	病	不	册	斥	杜	缎	饿	赴
fù	gù	guàng	hài	hàn	hào	huà	huò	huò	jì
腹	顾	逛	骇	汉	耗	桦	或	获	鲫
jiào	jù	kè	kuàng	kuì	là	liào	liè	lòu	luò
叫	句	课	眶	溃	辣	料	列	漏	洛
lù	lüè	mài	mèng	mì	miù	mò	nà	nèi	nüè
律	略	麦	梦	蜜	谬	莫	捺	内	虐
pèi	pèng	pìn	pò	pò	qiè	qù	què	què	ràng
配	碰	聘	破	魄	窃	去	雀	确	让
rè	ròu	rùn	ruò	sè	shà	shào	shè	shèn	shèng
热	肉	闰	弱	色	霎	哨	设	肾	剩
shòu	shuàn	tàn	tàng	tè	tì	tiào	tòng	tuì	wàng
受	涮	探	烫	特	替	跳	痛	退	忘
wèi	xiào	yè	yè	yì	yìng	yuè	yùn	zhà	zhào
卫	孝	业	曳	溢	映	月	运	诈	照
zhòu	zhù	zì	zuò						
咒	祝	字	坐						

（5）常用入声字声调训练

西南官话区的很多地方，古入声派入阳平，也有一些地方保留了单独入声或派入去声。普通话里入声字的分派与声母有一定的相关性。一般规律如下：

①零声母音节或声母是 p、m、t、n、l、k、q、c、ch、s、r 的入声字，声调为去声；

②声母为 b、d、g、j、z、zh 的入声字，声调为阳平；

③声母为 f、h、x、sh 的入声字，声调为去声或阳平；

④少数例外字，转为阴平或上声。

普通话里声母为 n、l、r 的入声字几乎转为去声；声母为 d、g、j 的入声字几乎转为阳平，但不如声母为 n、l、r 的入声字那样系统。声母为 f、h、x、sh 的入声字判断略困难，但可以按韵母大概推断：这些声母的入声字，如果韵母是 u，声调大多转为阳平。

古入声归阴平：

bā	bī	biē	biē	bō	bō	bāo	cā	chā	chāi
八	逼	憋	鳖	拨	钵	剥	擦	插	拆
chī	chū	chuō	cuō	dā	dī	dū	gē	gē	gē
吃	出	戳	撮	搭	滴	督	胳	鸽	搁
gē	guā	guō	hē	hēi	hū	huō	jī	jī	jī
割	刮	郭	喝	黑	忽	豁	击	积	激
jiē	jiē	kē	kē	kū	kū	lā	mō	niē	pāi
接	揭	磕	瞌	哭	窟	拉	摸	捏	拍
pī	pō	pū	qī	qī	qī	qiā	qū	quē	shā
霹	泼	扑	七	戚	漆	掐	屈	缺	杀
shī	shī	shī	shū	shuā	suō	tā	tā	tī	tī
失	虱	湿	叔	刷	缩	塌	遢	剔	踢
tiē	tū	tū	tuō	wā	wū	xī	xī	xī	xī
贴	秃	突	脱	挖	屋	夕	吸	析	息
xī	xī	xī	xī	xī	xī	xiā	xiē	xiē	xuē
悉	惜	锡	熄	膝	蟋	瞎	歇	蝎	薛
yā	yā	yā	yī	zhāi	zhī	zhī	zhōu	zhuō	zhuō
压	押	鸭	一	摘	汁	织	粥	拙	捉

古入声归阳平：

bá	bái	báo	bó	bié	bó	bó	bó	bó	chá
拔	白	雹	薄	别	伯	驳	勃	博	察
dá	dá	dé	dé	dí	dí	dí	dí	dí	dié
达	沓	得	德	狄	敌	涤	笛	嫡	谍
dié	dié	dú	dú	dú	dú	duó	é	fá	fá
叠	碟	毒	独	读	牍	夺	额	乏	伐
fá	fá	fú	fú	fú	fú	fú	fú	fó	gé
罚	阀	伏	蝠	服	幅	辐	福	佛	革
gé	gé	gé	guó	ké	hé	huá	huá	huó	jí
阁	格	隔	国	咳	盒	猾	滑	活	及
jí	jí	jí	jí	jí	jí	jí	jí	jí	jié
吉	级	极	即	急	疾	集	辑	籍	节
jié	jié	jié	jié	jié	jié	jú	jú	jué	jué
劫	杰	洁	捷	截	竭	局	菊	决	诀
jué	jué	jué	jué	jiáo	ké	ké	mó	sháo	sháo
绝	倔	厥	蕨	嚼	壳	咳	膜	勺	芍
shé	shí	shí	shí	shí	shí	shí	shí	shú	shú
舌	十	石	识	实	拾	食	蚀	孰	赎
shú	shú	sú	xí	xí	xí	xí	xiá	xiá	xiá
塾	熟	俗	习	席	袭	媳	匣	侠	峡
xiá	xiá	xié	xié	xué	zá	zá	záo	zé	zé
狭	辖	协	胁	学	杂	砸	凿	则	责

zé	zéi	zhá	zhá	zhái	zhé	zhé	zhé	zhí	zhí
泽	贼	闸	铡	宅	哲	蛰	辙	执	直

zhí	zhí	zhí	zhí	zhí	zhóu	zhú	zhú	zhú	zhuó
侄	值	职	植	殖	轴	竹	逐	烛	灼

zhuó	zhuó	zhuó	zhuó	zhuó	zú	zú	zuó	zhuó	
卓	浊	酌	啄	镯	足	族	昨	琢	

古入声归上声：

bǎi	bǎi	bǐ	biě	chǐ	dǔ	ě	fǎ	gǔ	gǔ
百	柏	笔	瘪	尺	笃	恶	法	谷	骨

jǐ	jiǎ	jiǎ	jiǎo	jiǎo	jiǎo	kě	mǒ	piě	pǔ
脊	甲	胛	角	饺	脚	渴	抹	撇	朴

shǔ	shǔ	tǎ	tǎ	tiě	xuě	xiě	zhǎ	zhǎi	zhě
属	蜀	塔	獭	铁	雪	血	眨	窄	褶

古入声归去声：

bì	bì	bì	bì	bì	bù	cè	cè	cè	chè
必	毕	碧	壁	璧	不	册	测	策	彻

chè	chì	chì	chù	chù	chuò	chuò	cù	cù	duó
撤	斥	赤	畜	触	绰	龊	促	猝	踱

è	è	è	è	è	fù	fù	fù	fù	gè
扼	恶	鄂	腭	鳄	复	腹	缚	覆	各

hè	huò	huò	huò	huò	jì	jì	jì	jì	jù
鹤	或	惑	霍	藿	迹	寂	绩	鲫	剧

kè	kè	kù	kuò	kuò	kuò	kuò	là	là	là
克	客	酷	扩	括	阔	廓	腊	蜡	辣

lào	lào	lèi	lì	lì	lì	lì	lì	lì	liè
烙	酪	肋	力	历	立	栗	笠	粒	列

liè	liè	liè	liè	liù	lù	lù	lù	lù	luò
劣	烈	猎	裂	六	陆	录	鹿	禄	洛

luò	luò	luò	lǜ	lǜ	lüè	lüè	mài	mì	mì
络	骆	落	律	绿	掠	略	麦	觅	密

mì	miè	miè	mò	mò	mò	mò	mò	mò	mò
蜜	灭	蔑	末	沫	陌	莫	漠	寞	墨

mò	mù	mù	mù	mù	mù	nà	nà	nì	nì
默	木	目	牧	幕	睦	纳	捺	逆	匿

nì	niè	niè	niè	niè	nüè	pì	pò	pò	bào
溺	聂	镊	蹑	孽	虐	僻	迫	魄	曝

qì	qià	qià	qiè	qiè	qiè	què	què	què	rè
泣	洽	恰	妾	怯	窃	却	确	鹊	热

rì	ròu	rù	rù	ruò	ruò	sà	sè	sè	shà
日	肉	入	褥	若	弱	萨	色	涩	霎

shè	shè	shè	shì	shì	shì	shì	shì	shù	shù
设	涉	摄	式	饰	适	室	释	术	束

shù	shuài	shuò	shuò	sù	sù	sù	tuò	tà	tà
述	蟀	朔	硕	肃	速	粟	拓	榻	踏

tè	tì	wà	wò	wò	wò	wù	wù	xiè	xiè
特	惕	袜	沃	握	龌	勿	物	泄	屑

xù	xù	xù	xù	xuè	yà	yào	yè	yè	yè
旭	恤	续	蓄	谑	轧	药	掖	业	叶

yè	yè	yì	yì	yì	yì	yì	yì	yì	yì
页	液	亿	忆	亦	抑	役	译	疫	益

yì	yì	yù	yù	yù	yù	yù	yù	yuè	yuè
逸	翼	玉	育	狱	浴	域	欲	月	岳

yuè	yuè	yuè	yuè	yuè	zhà	zhè	zhì	zhì	zhù
阅	悦	跃	越	粤	栅	浙	炙	秩	祝

（6）同声韵四调顺序训练

哀癌矮爱 āi ái ǎi ài

巴拔靶罢 bā bá bǎ bà

苞雹宝报 bāo báo bǎo bào

猜才采蔡 cāi cái cǎi cài

昌常敞唱 chāng cháng chǎng chàng

出除储触 chū chú chǔ chù

接劫姐届 jiē jié jiě jiè

勒雷垒泪 lēi léi lěi lèi

妈麻马骂 mā má mǎ mà

拈年撵念 niān nián niǎn niàn

批皮匹僻 pī pí pǐ pì

扑仆普瀑 pū pú pǔ pù

欺其起气 qī qí qǐ qì

青情请庆 qīng qíng qǐng qìng

虽随髓岁 suī suí suǐ suì

掏逃讨套 tāo táo tǎo tào

蛙娃瓦袜 wā wá wǎ wà

方防访放 fāng fáng fǎng fàng

纷坟粉粪 fēn fén fěn fèn

夫扶抚妇 fū fú fǔ fù

歌格葛个 gē gé gě gè

欢环缓幻 huān huán huǎn huàn

机急挤季 jī jí jǐ jì

汪亡往望 wāng wáng wǎng wàng

温文稳问 wēn wén wěn wèn

昔习喜细 xī xí xǐ xì

香祥想向 xiāng xiáng xiǎng xiàng

虚徐许叙 xū xú xǔ xù

些协写谢 xiē xié xiě xiè

押牙哑亚 yā yá yǎ yà

央阳养样 yāng yáng yǎng yàng

优游有又 yōu yóu yǒu yòu

渊原远愿 yuān yuán yuǎn yuàn

之直指至 zhī zhí zhǐ zhì

（7）同声韵四调逆序训练

败摆白掰 bài bǎi bái bāi　　　　沁寝琴侵 qìn qǐn qín qīn

闭比鼻逼 bì bǐ bí bī　　　　　　去取渠屈 qù qǔ qú qū

翅齿持痴 chì chǐ chí chī　　　　世使时师 shì shǐ shí shī

串喘船穿 chuàn chuǎn chuán　　束鼠赎书 shù shǔ shú shū
　　　　　chuān

帝底敌低 dì dǐ dí dī　　　　　　烫躺堂汤 tàng tǎng táng tāng

跺躲夺多 duò duǒ duó duō　　　万晚玩弯 wàn wǎn wán wān

范反繁翻 fàn fǎn fán fān　　　　务武无屋 wù wǔ wú wū

废匪肥飞 fèi fěi féi fēi　　　　　线显贤先 xiàn xiǎn xián xiān

奉讽冯丰 fèng fěng féng fēng　　性醒形星 xìng xǐng xíng xīng

互虎胡乎 hù hǔ hú hū　　　　　药咬窑邀 yào yǎo yáo yāo

冒卯毛猫 mào mǎo máo māo　　意乙移医 yì yǐ yí yī

密米弥眯 mì mǐ mí mī　　　　　浴雨渔迂 yù yǔ yú yū

票瞟瓢飘 piào piǎo piáo piāo　　灶早凿遭 zào zǎo záo zāo

欠遣前千 qiàn qiǎn qián qiān　　债窄宅摘 zhài zhǎi zhái zhāi

俏巧桥敲 qiào qiǎo qiáo qiāo　　这者哲遮 zhè zhě zhé zhē

（8）同韵四调混读训练

罚擦纳塔 fá cā nà tǎ　　　　　俗哭木辱 sú kū mù rǔ

乖拐淮帅 guāi guǎi huái shuài　施尺值日 shī chǐ zhí rì

滑抓袜耍 huá zhuā wà shuǎ　　匣鸭恰钾 xiá yā qià jiǎ

决缺月雪 jué quē yuè xuě　　　销脚乔药 xiāo jiǎo qiáo yào

驱禹菊氯 qū yǔ jú lǜ　　　　　灼说错所 zhuó shuō cuò suǒ

秋九刘秀 qiū jiǔ liú xiù　　　　州某绸肉 zhōu mǒu chóu ròu

2. 声调连读训练

普通话声调连读时，有些会发生明显的音变，如"上声变调"，"一、不变调"，轻声、儿化等；有些没有发生明显的音变，也有连读自然不自然的问题。由于西南官话连读模式与普通话有一定的差异，因此需要加强这方面的训练。

（1）阴平 + 阴平

安心 ānxīn	青春 qīngchūn	边疆 biānjiāng
东方 dōngfāng	包装 bāozhuāng	丰收 fēngshōu
操心 cāoxīn	诗歌 shīgē	西方 xīfāng
讴歌 ōugē	悲观 bēiguān	冰川 bīngchuān
帮凶 bāngxiōng	芬芳 fēnfāng	功勋 gōngxūn
炊烟 chuīyān	收割 shōugē	鲜花 xiānhuā

（2）阴平 + 阳平

奔驰 bēnchí	充实 chōngshí	蹉跎 cuōtuó
分流 fēnliú	初级 chūjí	单纯 dānchún
东南 dōngnán	发财 fācái	灰尘 huīchén
猜疑 cāiyí	观察 guānchá	精华 jīnghuá
苍凉 cāngliáng	床型 chuángxíng	清闲 qīngxián
端详 duānxiáng	超级 chāojí	
生活 shēnghuó	花纹 huāwén	

（3）阴平 + 上声

宾馆 bīnguǎn	轰响 hōngxiǎng	深海 shēnhǎi
悲惨 bēicǎn	花脸 huāliǎn	说法 shuōfǎ
奔涌 bēnyǒng	花蕊 huāruǐ	思考 sīkǎo
奔走 bēnzǒu	加以 jiāyǐ	天体 tiāntǐ
波谷 bōgǔ	开水 kāishuǐ	胸口 xiōngkǒu

参考 cānkǎo　　　　夸奖 kuājiǎng　　　　修养 xiūyǎng

摧毁 cuīhuǐ　　　　亏本 kuīběn　　　　修改 xiūgǎi

清爽 qīngshuǎng　　殴打 ōudǎ　　　　压倒 yādǎo

发表 fābiǎo　　　　喷洒 pēnsǎ　　　　音响 yīnxiǎng

发展 fāzhǎn　　　　批准 pīzhǔn　　　　拥有 yōngyǒu

方法 fāngfǎ　　　　多寡 duōguǎ　　　　拥挤 yōngjǐ

丰满 fēngmǎn　　　倾吐 qīngtǔ　　　　增长 zēngzhǎng

封锁 fēngsuǒ　　　缺少 quēshǎo　　　专款 zhuānkuǎn

钢铁 gāngtiě　　　缺点 quēdiǎn　　　松软 sōngruǎn

黑板 hēibǎn　　　　商品 shāngpǐn

（4）阴平＋去声

哀悼 āidào　　　　帮助 bāngzhù　　　充沛 chōngpèi

安定 āndìng　　　悲愤 bēifèn　　　　搭配 dāpèi

颁布 bānbù　　　　参照 cānzhào　　　耽误 dānwù

搬运 bānyùn　　　称赞 chēngzàn　　　低下 dīxià

覆颠 diānfù　　　机制 jīzhì　　　　偷税 tōushuì

雕塑 diāosù　　　尖锐 jiānruì　　　威信 wēixìn

发票 fāpiào　　　清脆 qīngcuì　　　西部 xībù

翻译 fānyì　　　　区域 qūyù　　　　压抑 yāyì

（5）阳平＋阴平

搏击 bójī　　　　荷花 héhuā　　　　来宾 láibīn

曾经 céngjīng　　恒星 héngxīng　　兰花 lánhuā

诚心 chéngxīn　　滑冰 huábīng　　良师 liángshī

崇高 chónggāo　　极端 jíduān　　　情操 qíngcāo

敌军 díjūn　　　集中 jízhōng　　　迎接 yíngjiē

繁多 fánduō　　节约 jiéyuē　　　阳光 yángguāng

革新 géxīn	决心 juéxīn	狂风 kuángfēng

（6）阳平＋阳平

博得 bódé	达成 dáchéng	红茶 hóngchá
柴油 cháiyóu	敌人 dírén	前提 qiántí
谗言 chányán	儿童 értóng	人格 réngé
常识 chángshí	繁荣 fánróng	十足 shízú
潮流 cháoliú	格局 géjú	提拔 tíbá
驰名 chímíng	国防 guófáng	完全 wánquán
纯洁 chúnjié	和平 hépíng	原籍 yuánjí

（7）阳平＋上声

昂首 ángshǒu	成本 chéngběn	持久 chíjiǔ
伯母 bómǔ	成果 chéngguǒ	传导 chuándǎo
财产 cáichǎn	成品 chéngpǐn	传统 chuántǒng
船长 chuánzhǎng	良好 liánghǎo	柔美 róuměi
磁场 cíchǎng	没有 méiyǒu	如此 rúcǐ
从此 cóngcǐ	描写 miáoxiě	逃走 táozǒu
从小 cóngxiǎo	排演 páiyǎn	条款 tiáokuǎn
存款 cúnkuǎn	培养 péiyǎng	完美 wánměi
罚款 fákuǎn	穷苦 qióngkǔ	围剿 wéijiǎo
航海 hánghǎi	全体 quántǐ	雄伟 xióngwěi
洪水 hóngshuǐ	人口 rénkǒu	寻找 xúnzhǎo
来往 láiwǎng	熔点 róngdiǎn	游泳 yóuyǒng

（8）阳平＋去声

昂贵 ángguì	常用 chángyòng	来信 láixìn
白菜 báicài	答辩 dábiàn	牢固 láogù
驳斥 bóchì	得病 débìng	麻雀 máquè

搏斗 bódòu　　　肥沃 féiwò　　　明净 míngjìng

财富 cáifù　　　隔壁 gébì　　　南部 nánbù

残酷 cánkù　　　含量 hánliàng　　排队 páiduì

层次 céngcì　　　和睦 hémù　　　评价 píngjià

查获 cháhuò　　　结构 jiégòu　　　前哨 qiánshào

（9）去声 + 阴平

办公 bàngōng　　后方 hòufāng　　气氛 qìfēn

刺激 cìjī　　　画家 huàjiā　　　日期 rìqī

蛋糕 dàngāo　　寄托 jìtuō　　　上班 shàngbān

构思 gòusī　　　据说 jùshuō　　　特区 tèqū

冠军 guànjūn　　抗击 kàngjī　　　外交 wàijiāo

汉奸 hànjiān　　客车 kèchē　　　细胞 xìbāo

号称 hàochēng　　辣椒 làjiāo　　　乐章 yuèzhāng

（10）去声 + 阳平

办学 bànxué　　富饶 fùráo　　　价值 jiàzhí

伴随 bànsuí　　共同 gòngtóng　　聚集 jùjí

棒球 bàngqiú　　雇员 gùyuán　　　蜡梅 làméi

部门 bùmén　　害虫 hàichóng　　练习 liànxí

挫折 cuòzhé　　好奇 hàoqí　　　热情 rèqíng

到达 dàodá　　　贺词 hècí　　　现实 xiànshí

店员 diànyuán　　后来 hòulái　　　沸腾 fèiténg

渡船 dùchuán　　话题 huàtí　　　季节 jìjié

（11）去声 + 上声

按钮 ànniǔ　　　看法 kànfǎ　　　物品 wùpǐn

懊悔 àohuǐ　　　课本 kèběn　　　系统 xìtǒng

翅膀 chìbǎng　　况且 kuàngqiě　　下马 xiàmǎ

篡改 cuàngǎi　　矿产 kuàngchǎn　　下午 xiàwǔ

对偶 duì'ǒu　　扩展 kuòzhǎn　　信仰 xìnyǎng

废水 fèishuǐ　　谅解 liàngjiě　　血管 xuèguǎn

奋勇 fènyǒng　　面孔 miànkǒng　　药品 yàopǐn

个体 gètǐ　　灭火 mièhuǒ　　夜晚 yèwǎn

汗水 hànshuǐ　　配偶 pèi'ǒu　　赞美 zànměi

后悔 hòuhuǐ　　恰巧 qiàqiǎo　　正好 zhènghǎo

话筒 huàtǒng　　上午 shàngwǔ　　政委 zhèngwěi

患者 huànzhě　　授予 shòuyǔ　　作品 zuòpǐn

进口 jìnkǒu　　探讨 tàntǎo　　作者 zuòzhě

（12）去声＋去声

爱护 àihù　　悼念 dàoniàn　　魅力 mèilì

败坏 bàihuài　　恶化 èhuà　　庆祝 qìngzhù

伴奏 bànzòu　　犯罪 fànzuì　　热爱 rè'ài

背面 bèimiàn　　放映 fàngyìng　　胜利 shènglì

闭幕 bìmù　　费用 fèiyòng　　替换 tìhuàn

测定 cèdìng　　干劲 gànjìn　　外部 wàibù

诧异 chàyì　　告诫 gàojiè　　系列 xìliè

倡议 chàngyì　　建设 jiànshè　　药物 yàowù

（13）上声连读

普通话里，上声（214）音节在阴平、阳平、上声、去声以及轻声音节前会发生变调，只有在单独念或处于词语和句子末尾时，才有可能读214调值。

两字词语上声变调规律如下：

①上声在非上声（阴平、阳平、去声、轻声）前，只降不升，变为一个低调，调值近211。

②两个上声相连，前一个上声变升调，调值近阳平 35。

上声＋阴平

保温 bǎowēn	酒精 jiǔjīng	手枪 shǒuqiāng
改编 gǎibiān	口腔 kǒuqiāng	水箱 shuǐxiāng
海关 hǎiguān	两边 liǎngbiān	损失 sǔnshī
狠心 hěnxīn	美观 měiguān	体贴 tǐtiē
假装 jiǎzhuāng	启发 qǐfā	体温 tǐwēn
解剖 jiěpōu	起居 qǐjū	瓦斯 wǎsī
紧张 jǐnzhāng	闪光 shǎnguāng	晚餐 wǎncān

上声＋阳平

版图 bǎntú	反驳 fǎnbó	检查 jiǎnchá
保留 bǎoliú	匪徒 fěitú	解除 jiěchú
彩虹 cǎihóng	赶忙 gǎnmáng	举行 jǔxíng
草原 cǎoyuán	感情 gǎnqíng	考察 kǎochá
阐明 chǎnmíng	管辖 guǎnxiá	恳求 kěnqiú
扯皮 chěpí	海拔 hǎibá	女郎 nǚláng
导航 dǎoháng	狠毒 hěndú	启程 qǐchéng
法庭 fǎtíng	假如 jiǎrú	阻拦 zǔlán

上声＋去声

百货 bǎihuò	阐述 chǎnshù	考验 kǎoyàn
榜样 bǎngyàng	党派 dǎngpài	渴望 kěwàng
宝贝 bǎobèi	等待 děngdài	肯定 kěndìng
宝贵 bǎoguì	懂事 dǒngshì	脸色 liǎnsè
比赛 bǐsài	法律 fǎlǜ	马上 mǎshàng
彩色 cǎisè	访问 fǎngwèn	美丽 měilì
草地 cǎodì	喊叫 hǎnjiào	窘迫 jiǒngpò

上声＋上声

矮小 ǎixiǎo	哺乳 bǔrǔ	党委 dǎngwěi
把柄 bǎbǐng	采访 cǎifǎng	导体 dǎotǐ
保险 bǎoxiǎn	采写 cǎixiě	诋毁 dǐhuǐ
宝塔 bǎotǎ	惨死 cǎnsǐ	典雅 diǎnyǎ
本领 běnlǐng	产品 chǎnpǐn	顶点 dǐngdiǎn
彼此 bǐcǐ	场所 chǎngsuǒ	抖擞 dǒusǒu
笔法 bǐfǎ	吵嘴 chǎozuǐ	短跑 duǎnpǎo
笔者 bǐzhě	耻辱 chǐrǔ	躲闪 duǒshǎn
表演 biǎoyǎn	打铁 dǎtiě	辅导 fǔdǎo
腐朽 fǔxiǔ	鲁莽 lǔmǎng	首尾 shǒuwěi
改写 gǎixiě	旅馆 lǚguǎn	爽朗 shuǎnglǎng
赶紧 gǎnjǐn	裸体 luǒtǐ	水果 shuǐguǒ
感慨 gǎnkǎi	马匹 mǎpǐ	水鸟 shuǐniǎo
橄榄 gǎnlǎn	蚂蚁 mǎyǐ	水獭 shuǐtǎ
港口 gǎngkǒu	满口 mǎnkǒu	死板 sǐbǎn
拱手 gǒngshǒu	美好 měihǎo	所以 suǒyǐ
苟且 gǒuqiě	美景 měijǐng	所有 suǒyǒu
古典 gǔdiǎn	美酒 měijiǔ	所属 suǒshǔ
骨髓 gǔsuǐ	美女 měinǚ	倘使 tǎngshǐ
管理 guǎnlǐ	渺小 miǎoxiǎo	讨好 tǎohǎo
鬼脸 guǐliǎn	敏感 mǐngǎn	铁轨 tiěguǐ
好歹 hǎodǎi	母体 mǔtǐ	铁索 tiěsuǒ
好转 hǎozhuǎn	拇指 mǔzhǐ	铁塔 tiětǎ
火种 huǒzhǒng	奶粉 nǎifěn	土匪 tǔfěi
甲板 jiǎbǎn	脑海 nǎohǎi	土壤 tǔrǎng

检讨 jiǎntǎo	脑髓 nǎosuǐ	腿脚 tuǐjiǎo
烤火 kǎohuǒ	扭转 niǔzhuǎn	往返 wǎngfǎn
可以 kěyǐ	偶尔 ǒu'ěr	稳产 wěnchǎn
口吻 kǒuwěn	品种 pǐnzhǒng	稳妥 wěntuǒ
苦恼 kǔnǎo	乞讨 qǐtǎo	舞蹈 wǔdǎo
傀儡 kuǐlěi	起草 qǐcǎo	舞女 wǔnǚ
冷暖 lěngnuǎn	抢险 qiǎngxiǎn	洗澡 xǐzǎo
冷水 lěngshuǐ	软骨 ruǎngǔ	小丑 xiǎochǒu
理解 lǐjiě	审美 shěnměi	小巧 xiǎoqiǎo
了解 liǎojiě	手法 shǒufǎ	小腿 xiǎotuǐ
领海 lǐnghǎi	手稿 shǒugǎo	写法 xiěfǎ
领土 lǐngtǔ	手脚 shǒujiǎo	许久 xǔjiǔ
卤水 lǔshuǐ	手软 shǒuruǎn	许可 xǔkě
选举 xuǎnjǔ	永远 yǒngyuǎn	转脸 zhuǎnliǎn
演讲 yǎnjiǎng	勇猛 yǒngměng	转眼 zhuǎnyǎn
窈窕 yǎotiǎo	雨伞 yǔsǎn	准许 zhǔnxǔ
也许 yěxǔ	语法 yǔfǎ	总理 zǒnglǐ
引导 yǐndǎo	允许 yǔnxǔ	总统 zǒngtǒng
引起 yǐnqǐ	展览 zhǎnlǎn	走访 zǒufǎng
影响 yǐngxiǎng	掌管 zhǎngguǎn	
永久 yǒngjiǔ	主宰 zhǔzǎi	

三个上声相连

　　三个上声音节相连，如果后面没有其他音节，也不带什么语气，末尾的上声音节一般不变调。开头、当中的上声音节有两种变调：

　　①当词语的结构是双音节＋单音节（"双单格"）时，开头、当中的上声音节调值变为近阳平35。

手写体 shǒuxiětǐ　　　　展览馆 zhǎnlǎnguǎn

管理组 guǎnlǐzǔ　　　　　选举法 xuǎnjǔfǎ

洗脸水 xǐliǎnshuǐ　　　　水彩笔 shuǐcǎibǐ

打靶场 dǎbǎchǎng　　　　勇敢者 yǒnggǎnzhě

②当词语的结构是单音节＋双音节（"单双格"），开头音节处在被强调的逻辑重音时，声调只降不升，调值近 211，当中的音节则按两字组变调规律，变为 35。

党小组 dǎngxiǎozǔ　　　　撒火种 sǎhuǒzhǒng

冷处理 lěngchǔlǐ　　　　耍笔杆 shuǎbǐgǎn

小两口 xiǎoliǎngkǒu　　　纸老虎 zhǐlǎohǔ

老保守 lǎobǎoshǒu　　　　小拇指 xiǎomǔzhǐ

（14）入声字连读

拍击 pāijī	接触 jiēchù	学说 xuéshuō
揭发 jiēfā	接纳 jiēnà	狭窄 xiázhǎi
漆黑 qīhēi	激烈 jīliè	协作 xiézuò
突击 tūjī	贴切 tiēqiè	折叠 zhédié
突出 tūchū	忽略 hūlüè	执笔 zhíbǐ
激发 jīfā	黑客 hēikè	直属 zhíshǔ
压缩 yāsuō	节约 jiéyuē	抹杀 mǒshā
切割 qiēgē	橘汁 júzhī	北约 běiyuē
出席 chūxí	服帖 fútiē	垮塌 kuǎtā
撮合 cuōhé	结核 jiéhé	骨骼 gǔgé
脱节 tuōjié	洁白 jiébái	甲级 jiǎjí
曲折 qūzhé	结局 jiéjú	角膜 jiǎomó
屈服 qūfú	博学 bóxué	朴实 pǔshí
缺乏 quēfá	隔绝 géjué	笔直 bǐzhí

舒服 shūfu	独白 dúbái	百合 bǎihé
积极 jījí	独立 dúlì	铁塔 tiětǎ
挖掘 wājué	国籍 guójí	胛骨 jiǎgǔ
插曲 chāqǔ	佛塔 fótǎ	咫尺 zhǐchǐ
积雪 jīxuě	活跃 huóyuè	复习 fùxí
夹角 jiājiǎo	急迫 jípò	习俗 xísú
鸭舌 yāshé	及格 jígé	适合 shìhé
屋脊 wūjǐ	级别 jíbié	克服 kèfú
歇脚 xiējiǎo	急剧 jíjù	灭绝 mièjué
逼迫 bīpò	洁癖 jiépǐ	亵渎 xièdú
督促 dūcù	复核 fùhé	剧烈 jùliè
脱落 tuōluò	绝迹 juéjì	剧目 jùmù
霹雳 pīlì	淋浴 línyù	迫切 pòqiè
拍摄 pāishè	熟悉 shúxī	扑灭 pūmiè
压迫 yāpò	袭击 xíjī	实质 shízhì
畜牧 xùmù	毕业 bìyè	目力 mùlì
决策 juécè	刻录 kèlù	血脉 xuèmài
覆灭 fùmiè	木刻 mùkè	角落 jiǎoluò

3. "一"和"不"的变调

普通话阴平字"一"和去声字"不"在词组和语流中会发生变调。西南官话中这两个字今读阳平，在词组和语流中不变调。学习者要注意掌握普通话的变调规则。

（1）"一"的变调

普通话"一"字单读，在词句末尾或作为序数表示"第一"时，发 yī，调值为阴平 55。例如"一、二、三 / 五一、八一、五十一、

三百零一 / 唯一、统一 / 第一、初一 /（第）一连长、（第）一把手、（第）一车间"。注意，"一连三天下雨"和"一天都很高兴"中的"一"不是序数，发生变调，发 yì，调值为 51。

普通话"一"变调规则：

①"一"在去声音节前发 yí，调值为 35。例如：

一半　　一旦　　一定　　一度　　一概　　一共

②"一"在非去声音节（阴平、阳平、上声）前发 yì，调值为 51。例如：

一般　　一身　　一时　　一直　　一口　　一准

③"一"处于重叠式的中间时，"轻重音格式"次轻，轻读但声调依稀可辨。其声调依后字声调发生变读，变调规则同①②。音节轻读一般表现为音强轻、时长短，调值和声韵也会发生改变。例如"听一听"，中间的"一"比词尾的"听"字音强低、时长短；尾字"听"字为阴平（非去声），"一"变读为 51，又因"次轻"，实际调值近 31。更多示例如下：

看一看　　　想一想　　　笑一笑　　　走一走

学一学　　　等一等　　　写一写　　　试一试

管一管　　　尝一尝　　　比一比　　　翻一翻

（2）"不"的变调

普通话"不"单念时，在句尾和在非去声前，发 bù，调值为 51。例如"不！""不不！/ 我偏不！""不吃、不行、不比"。

普通话"不"的变调规则：

①"不"在去声前变为 35，跟阳平一样。例如：

不变　不错　不对　不算　不怕　不力　不便　不测　不快

②"不"处于重叠式的中间时，后字是去声，则调值变为 35，后字不是去声，则不变调；轻重音格式为"次轻"。例如"大不大、

拿不动"里，依后字，"不"变调为51；因"次轻"，实际调值近31。
更多示例如下：

多不多　好不好　学不学　想不想　去不去　行不行　红不红

长不长　大不了　差不多　划不来　看不起　走不动　分不清

二、声母

（一）西南官话与普通话声母比较

"普通话与西南官话声母比较"一表旨在说明出现新老派、变读
差异时，西南官话和普通话声母的差异。

表23　普通话与西南官话声母比较

普通话	武汉话	成都/重庆话	贵阳话	昆明话	桂林话
b 把帮办	b 把帮办拔 p 绊鄙庇 f 哺	b 把帮办兵 p 绊鄙庇拔	b 把帮办兵 p 鄙	b 把帮办 p 绊鄙遍	b 把帮办 p 编弼鄙
p 怕胖婆普	p 怕胖婆普 f 喷	p 怕盆胖	p 怕胖婆普	p 怕胖婆普	p 怕胖婆普
m 麻买每棉	m 麻买每棉	m 麻买每棉	m 麻买每棉	m 麻买每棉	m 麻买每棉
f 发方分副	f 发方分副	f 发方分副	f 发方分副	f 发方分副 b 缚	f 发方分副 p 辅
d 大单掉跌	d 大单掉跌 t 堤	d 大单掉跌 t 堤导	d 大单掉跌	d 大单掉跌 t 堤	d 大单掉跌
t 天台推涛	t 天台推涛	t 天台推涛	t 天台推涛 l 他偷 d 涕	t 天台推涛	t 天台推涛
n 拿能闹年	n 拿能闹年	n 拿能闹年 /ŋ/ 你女娘牛 （成都）	l 拿能闹年	n 拿能闹年 l 宁 r 酿	n 拿能闹年

续表

普通话	武汉话	成都/重庆话	贵阳话	昆明话	桂林话
l 老辣冷兰	n 老辣冷兰	n 老辣冷兰	l 老辣冷兰	l 老辣冷兰 n 类掠	n 老辣冷兰
z 杂早灾最	z 杂早灾最择 c 族	z 杂早灾最 c 浊择造	z 杂早灾族 q 族足	z 杂早灾最 c 择秩宅	z 杂灾灾最 c 族
c 才参次从	c 才参次从 z 侧	c 才参次从	c 才参次从 q 促	c 才参次从	c 才参次从
s 色苏孙嫂	s 色苏孙嫂	s 色孙杀深 x 遂宁	s 色苏孙嫂 x 肃俗	s 色苏孙嫂	s 色苏孙嫂 c 松 z 寺
zh 扎中智这	z 扎中智这 j 朱煮住准 c 秩滞撞	z 扎中智这	z 扎中智这 c 撞	zh 扎中智这 z 绽助摘	z 扎中智这
ch 车茶产	c 车茶产 z 翅颤触 s 常尝晨盛 q 吃出春处 x 纯唇顺	c 车茶产 z 翅触 s 常尝晨纯	c 车茶产吃 z 翅 s 常纯晨	ch 车茶产 zh 触暂 sh 唇 c 锄雏翅撑	c 车茶产 s 垂唇纯
sh 杀山水深	s 杀山水深 x 书树顺 c 束	s 色孙杀深	s 色孙杀深	sh 杀山水深 ch 暑鼠挂 s 梳数续谁 束事柿	s 杀山水深 c 暑鼠
r 然让人热	n 然让人肉热 s 瑞 Ø 荣容融	/z/ 日肉仁让 Ø 容荣融	/z/ 日肉仁让 Ø 容荣融	r 然让人热 Ø 容荣融	Ø 如人肉乳 容荣融 s 瑞 t 锐
j 记捷兼脚	j 记兼捷 g 街解角	j 记兼脚解 q 捷截笺浸 q 浸	j 记兼脚 g 街角	j 记兼脚 g 街解 q 浸笺歼	j 记兼脚 g 街角减舰 q 疆

续表

普通话	武汉话	成都/重庆话	贵阳话	昆明话	桂林话
q 期前掐琴	q 期前恰琴 k 去掐嵌敲 j 侵券 c 劝犬	q 去 k 敲	q 期前恰琴 k 敲去	q 期前恰琴 x 寝 j 券侵	q 期前恰琴 k 敲确去 j 杞
x 西细修学	x 西细修学 h 吓蟹咸鞋苋 q 像详 k 械 s 续	x 西细修学 j 械	x 西细修学 h 鞋 q 像详 j 吸	x 西细修咸 h 鞋蟹巷 q 祥 k 械解 s 续	x 西细修学 h 鞋吓限巷 q 徐详 j 吸
g 该高古工	g 该高古工 k 概刽	g 该高古工	g 该高古工 k 概刽	g 该高古工 k 概刽	g 该高古工 k 概
k 开可看靠	k 开可看靠 g 括 q 框	k 开可看靠 Ø 颗	k 开可看靠	k 开可看靠	k 开可看靠
h 汗衡虎湖	h 汗衡虎湖	h 汗衡 f 狐虎湖	h 汗衡 f 糊狐	h 汗衡虎湖	h 汗衡火含 f 户发回毁
Ø 二耳衣雨爱严淹五晚羊	Ø 严五晚衣羊 /ŋ/ 爱安藕硬淹 n 研砚	Ø 衣羊药夜 /ŋ/ 我矮硬淹咬 /ŋ/ 验议咬（成都） v 五	Ø 二耳衣雨 /ŋ/ 我矮硬 l 严 v 吴	Ø 哀窝医王乌晚 n 疑谊 v 吴问王晚	Ø 衣夜 /ŋ/ 恩矮偶咬艾硬 n 研 v 吴晚

（二）重点和难点

1.西南官话区各地基本上不区分声母 n 和 l。如，武汉话、成都话、重庆话一般都读作 n，贵阳、昆明一般都读作 l。

2.普通话中的平舌（z、c、s）和翘舌（zh、ch、sh）两类声母，在西南官话中一般是两者合一，多为 z、c、s。昆明话区分平、翘舌，但和普通话的分法不完全一样，有同字却发音不同于普通话平、翘的情况。还有些西南官话区（如湖北武天、鄂北交界处，昆明周边）多发为 zh、ch、sh。要注意的是，西南官话里的翘舌声母发音多比普通话的靠前。西南官话方言区普通话学习者学习平、翘舌声母，一要注意分清哪些字声母发 z、c、s，哪些发 zh、ch、sh；二要注意学发普通话翘舌声母时，舌尖要上翘靠近（sh）或接触（zh、ch）龈脊后，避免舌尖偏前造成翘舌音发音不到位。

3. 普通话的 r 声母，在西南官话里，一般读作其他的辅音或零声母。如"忍、让、人"武汉话声母发 n，成都、重庆、贵阳话发 /z/，桂林话读作 i 开头的零声母，昆明话发 r；而"如、荣、融"，六地均读作 i 开头的零声母。

4. 普通话的舌面音（j、q）和舌根音（k）声母，在西南官话中有一定的分化。如武汉话，"记、叫、尖"的声母为 j，"前、期、劝、犬"的声母为 q，"卡、嵌、去"的声母为 k。

（三）声母正音训练

1. 声母 n、l

西南官话中 n、l 不分。有的方言只有 n，有的只有 l，也有两者共现的，但以其中一种为主，另一种偶现。因不区分 n、l，西南官话方言区普通话学习者听感分辨 n、l 较困难，这也加大了学习 n、l 发音的难度。

普通话中，鼻音 n 声母字很少，边音 l 声母字比较多。因此，可直接记常用的鼻音字，其余一般为 l 声母字。常用的鼻音 n 声母字可以分成两类记忆。

（1）一类是能用声旁类推的（括号内为同韵母的边音字）。例如：

奈（赖）—捺　　　倪（梨）—霓　　　你（李）—您

聂（列）—蹑　　　南（兰）—喃楠　　　念（练）—捻

奴（卢）—努怒　　那（辣）—哪挪娜　　囊（狼）—攮曩

脑（老）—恼垴　　内（类）—纳呐衲钠　尼（离）—妮呢泥昵

农（龙）—浓脓哝　宁（零）—咛拧狞柠泞

（2）另一类是不能类推的（括号内为同韵母的边音字）。例如：

男（蓝）、女（吕）、牛（刘）、闹（涝）、拗（六）、耐（籁）、尿（料）、溺（丽）、凝（玲）、馁（磊）、挠（劳）、难（拦）、能（棱）、拟（理）、年（连）、腻（力）、逆（利）、暖（卵）、嫩（论）、碾（脸）、黏（廉）、娘（良）、酿（亮）、拿（拉）

　　从和韵母的组合数量来说，普通话和 n 相拼的组合明显少于和 l 拼的组合，西南官话方言区学习者可以从记忆普通话 n 声母字入手，用排除法记忆 l 声母字。普通话 n、l 声母字辨别，可以参考下面的练习和本节"附录一"。

　　普通话 n、l 发音部位基本相同，它们的主要区别在发音方式。声母 n 是气流从鼻腔流出的鼻音；l 是气流从舌头两边流出的口腔音。西南官话区学习者不论能否分辨 n、l，只要按不同的发音部位和方法就能准确发出普通话的 n、l。

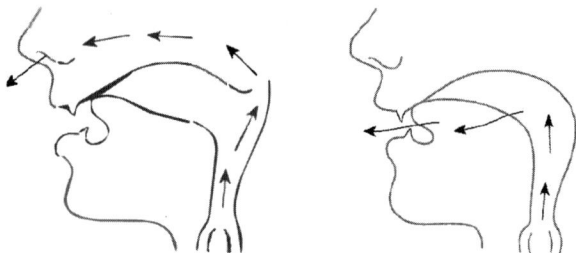

图4　发音示意图：n（左）和 l（右）

　　普通话鼻音声母 n 发音示意参见图4左，声带振动，舌尖前上抬接触上齿龈，鼻腔通道打开，气流从鼻腔流出。西南官话方言区学习者发普通话鼻音 n 时，可以先感受一下气流从鼻腔通过的感觉：闭着嘴，舌尖前接触上齿龈，声带振动，气流从鼻腔流出，然后再放低下颌（张嘴）发 n，最后在 n 后加韵母，完成一个鼻音声母音节。例如发"那"字，（闭嘴）n~n~（张嘴）n~n+à。要注意感受发 n 时软腭下降、气流从鼻腔流出时的状态，这种状态要一直保持到韵母出现，避免出现 n~n~n~là，导致最后和韵母相接的是边近音 l。

普通话声母 l 和 n 发音方式不同，n 是鼻音，l 是口腔边近音：气流从口腔中舌头两边流出。l 发音部位和 n 基本相同：①舌尖（见上页图 4 右示意）上抬和龈脊（或比龈脊略前的位置）接触，阻塞口腔中部通道；②练习时，学习者可较大幅度地降低下颌（张大嘴）；③吹气，同时声带振动，气流从舌头两边流出。练习声母 l 的发音，学习者要注意感受气流从舌头两边流出，产生 l~l~l~l，然后加韵母，如 à，完成"辣"的发音。要注意避免发成 l~l~l~nà，即最后和韵母相接的是鼻音 n。

觉得普通话 n、l 发音困难的方言区学习者，要多比较 n、l 气流通过的不同方式（n 气流从鼻腔流出，l 气流从口腔中舌头两边流出），直至能明确感受到两者发音时的不同。

普通话中涉及 n、l 声母字的常用词训练。

（1）n 声母字

男女 nánnǚ	尿素 niàosù	盛怒 shèngnù
南北 nánběi	捏造 niēzào	枢纽 shūniǔ
南方 nánfāng	涅槃 nièpán	头脑 tóunǎo
南瓜 nánguā	牛皮 niúpí	为难 wéinán
难怪 nánguài	扭曲 niǔqū	仙女 xiānnǚ

难受 nánshòu	农民 nóngmín	新娘 xīnniáng
脑筋 nǎojīn	挪用 nuóyòng	匈奴 xiōngnú
内容 nèiróng	女工 nǚgōng	以内 yǐnèi
内外 nèiwài	虐待 nüèdài	幼年 yòunián
内在 nèizài	去年 qùnián	灾难 zāinàn
内脏 nèizàng	热能 rènéng	职能 zhínéng
嫩绿 nènlǜ	僧尼 sēngní	周年 zhōunián
年轻 niánqīng	少女 shàonǚ	罪孽 zuìniè

（2）l 声母字

濒临 bīnlín	激烈 jīliè	燃料 ránliào
材料 cáiliào	类似 lèisì	日历 rìlì
大量 dàliàng	凄凉 qīliáng	衰老 shuāilǎo
恶劣 èliè	强烈 qiángliè	外力 wàilì
规律 guīlǜ	侵略 qīnlüè	往来 wǎnglái
花脸 huāliǎn	权利 quánlì	未来 wèilái
下来 xiàlái	压力 yālì	原来 yuánlái
下列 xiàliè	用力 yònglì	战略 zhànlüè
训练 xùnliàn	优良 yōuliáng	

2. 声母 z、c、s 和 zh、ch、sh

西南官话区普通话学习者 zh、ch、sh 的发音易出现错误（读作 z、c、s）或缺陷（翘舌不够）。学习者一方面要辨别普通话里的这两类字（参考本章"附录二"），另一方面要掌握普通话 zh、ch、sh 的正确发音方法。

普通话声母 zh、ch、sh 都是鼻腔关闭、声带不震动，气流从口腔流出而产生的口腔清（塞）擦音。它们的发音部位也相同，气流成阻、释放、摩擦的部位相同，主动发音部位是舌尖，被动发音部位为硬腭前端。zh、ch 和 sh 的发音方式不同。zh、ch 是塞擦音，发音人的舌尖抬起，接触硬腭前端，口腔气流在此处成阻，然后释放，气流通过后产生摩擦音。sh 是擦音，舌尖抬起，靠近但不接触硬腭前端，形成狭小通道，气流通过产生摩擦音。

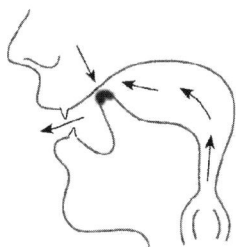

图 5　普通话声母 sh 发音示意图

图 5 是普通话 sh 发音示意图。主动发音部位（舌尖）靠近被动发音部位（硬腭前端）。第二章声母部分已述确定龈脊的方式，龈脊成拐角的学习者，舌尖抬起靠近硬腭前端，发 zh、ch、sh 则为准确发音。若学习者龈脊无显著拐角（如图 5 所示，齿龈到硬腭无显著凸起），龈脊大致在上门齿根部、齿和龈相交处往后大约 2 厘米处，即图 5 上端箭头示意处。龈脊无凸起的学习者发翘舌音，舌尖要靠近硬腭前端，即比箭头略后的地方。

西南官话区普通话学习者发音错误或缺陷主要是由于舌尖靠近或接触的部位偏前——上齿背之后、龈脊之前，未达到硬腭前端的位置。

下面列出涉及平舌 z、c、s 和翘舌 zh、ch、sh 声母字的词组，便于读者进行有针对性的训练。常用的平、翘舌声母字见本章"附录二"。

（1）声母 zh

按照 ànzhào	临终 línzhōng	召开 zhàokāi
暗中 ànzhōng	绿洲 lǜzhōu	照料 zhàoliào
白昼 báizhòu	民众 mínzhòng	照片 zhàopiàn
包装 bāozhuāng	民主 mínzhǔ	照射 zhàoshè
爆炸 bàozhà	培植 péizhí	照相 zhàoxiàng
标志 biāozhì	牵制 qiānzhì	照样 zhàoyàng
财政 cáizhèng	侵占 qīnzhàn	折叠 zhédié
大战 dàzhàn	天真 tiānzhēn	折光 zhéguāng
党章 dǎngzhāng	听众 tīngzhòng	哲学 zhéxué
地质 dìzhì	文章 wénzhāng	这些 zhèxiē
繁殖 fánzhí	雄壮 xióngzhuàng	侦察 zhēnchá
家长 jiāzhǎng	学者 xuézhě	诊所 zhěnsuǒ
价值 jiàzhí	以致 yǐzhì	整理 zhěnglǐ
简直 jiǎnzhí	诈骗 zhàpiàn	整修 zhěngxiū
光照 guāngzhào	榨取 zhàqǔ	政策 zhèngcè
苦衷 kǔzhōng	占用 zhànyòng	正常 zhèngcháng
扩张 kuòzhāng	张贴 zhāngtiē	政治 zhèngzhì
支持 zhīchí	中外 zhōngwài	专用 zhuānyòng
之前 zhīqián	终于 zhōngyú	专政 zhuānzhèng
直接 zhíjiē	钟表 zhōngbiǎo	转播 zhuǎnbō
职工 zhígōng	重量 zhòngliàng	转交 zhuǎnjiāo
职务 zhíwù	周转 zhōuzhuǎn	装备 zhuāngbèi
植物 zhíwù	主体 zhǔtǐ	状况 zhuàngkuàng
只好 zhǐhǎo	抓紧 zhuājǐn	状态 zhuàngtài
至今 zhìjīn	专家 zhuānjiā	追求 zhuīqiú

质量 zhìliàng

专门 zhuānmén

卓越 zhuóyuè

（2）声母 ch

哀愁 āichóu

冲刷 chōngshuā

春天 chūntiān

补偿 bǔcháng

崇尚 chóngshàng

纯真 chúnzhēn

差额 chā'é

仇恨 chóuhèn

冻疮 dòngchuāng

畅快 chàngkuài

筹备 chóubèi

非常 fēicháng

超额 chāo'é

传播 chuánbō

高潮 gāocháo

超过 chāoguò

传说 chuánshuō

工厂 gōngchǎng

朝廷 cháotíng

船台 chuántái

观察 guānchá

吵架 chǎojià

喘息 chuǎnxī

贯彻 guànchè

沉默 chénmò

串联 chuànlián

何尝 hécháng

沉着 chénzhuó

疮疤 chuāngbā

火车 huǒchē

成就 chéngjiù

创办 chuàngbàn

家畜 jiāchù

成为 chéngwéi

创新 chuàngxīn

坚持 jiānchí

承受 chéngshòu

创造 chuàngzào

勘察 kānchá

吃饭 chīfàn

创作 chuàngzuò

昆虫 kūnchóng

迟到 chídào

吹奏 chuīzòu

流传 liúchuán

持续 chíxù

垂危 chuíwēi

马车 mǎchē

斥责 chìzé

春光 chūnguāng

排斥 páichì

赔偿 péicháng

王朝 wángcháo

在场 zàichǎng

填充 tiánchōng

维持 wéichí

早春 zǎochūn

通常 tōngcháng

温差 wēnchā

侦查 zhēnchá

（3）声母 sh

博士 bóshì

轻率 qīngshuài

身后 shēnhòu

丢失 diūshī

趋势 qushì

深层 shēncéng

发烧 fāshāo

全身 quánshēn

深厚 shēnhòu

放射 fàngshè　　　　确实 quèshí　　　　深化 shēnhuà

丰硕 fēngshuò　　　　丧失 sàngshī　　　　深刻 shēnkè

干涉 gānshè　　　　杀害 shāhài　　　　渗透 shèntòu

感伤 gǎnshāng　　　　沙尘 shāchén　　　　生产 shēngchǎn

高尚 gāoshàng　　　　沙发 shāfā　　　　生长 shēngzhǎng

公式 gōngshì　　　　沙漠 shāmò　　　　失去 shīqù

挂帅 guàshuài　　　　傻瓜 shǎguā　　　　石油 shíyóu

观赏 guānshǎng　　　　山川 shānchuān　　　　时光 shíguāng

豪爽 háoshuǎng　　　　善良 shànliáng　　　　实用 shíyòng

及时 jíshí　　　　伤害 shānghài　　　　食用 shíyòng

教师 jiàoshī　　　　商标 shāngbiāo　　　　使用 shǐyòng

军事 jūnshì　　　　上班 shàngbān　　　　世纪 shìjì

开设 kāishè　　　　上课 shàngkè　　　　适用 shìyòng

历史 lìshǐ　　　　上空 shàngkōng　　　　收藏 shōucáng

凉爽 liángshuǎng　　　　上下 shàngxià　　　　收购 shōugòu

描述 miáoshù　　　　设备 shèbèi　　　　收回 shōuhuí

纳税 nàshuì　　　　设施 shèshī　　　　首都 shǒudū

拍摄 pāishè　　　　社会 shèhuì　　　　瘦弱 shòuruò

喷射 pēnshè　　　　身边 shēnbiān　　　　数量 shùliàng

迫使 pòshǐ　　　　身份 shēnfèn　　　　刷新 shuāxīn

衰败 shuāibài　　　　水灾 shuǐzāi　　　　叙述 xùshù

衰竭 shuāijié　　　　顺手 shùnshǒu　　　　学术 xuéshù

摔跤 shuāijiāo　　　　说话 shuōhuà　　　　学说 xuéshuō

双方 shuāngfāng　　　　退守 tuìshǒu　　　　右手 yòushǒu

双亲 shuāngqīn　　　　完善 wánshàn　　　　运输 yùnshū

霜冻 shuāngdòng　　　　玩耍 wánshuǎ　　　　遭受 zāoshòu

霜期 shuāngqī   协商 xiéshāng

（4）声母 z

盗贼 dàozéi	投资 tóuzī	纵队 zòngduì
动作 dòngzuò	外在 wàizài	租用 zūyòng
发作 fāzuò	协作 xiézuò	罪恶 zuì'è
繁杂 fánzá	栽培 zāipéi	遵守 zūnshǒu
犯罪 fànzuì	赞叹 zàntàn	遵照 zūnzhào
干燥 gānzào	早婚 zǎohūn	昨天 zuótiān
肝脏 gānzàng	责怪 zéguài	作恶 zuò'è
工作 gōngzuò	资格 zīgé	作怪 zuòguài
构造 gòuzào	综合 zōnghé	作家 zuòjiā
光泽 guāngzé	总归 zǒngguī	作用 zuòyòng
规则 guīzé	总结 zǒngjié	作战 zuòzhàn
民族 mínzú	总之 zǒngzhī	

（5）声母 c

参观 cānguān	苍白 cāngbái	操作 cāozuò
参加 cānjiā	苍翠 cāngcuì	挫败 cuòbài
参赛 cānsài	操办 cāobàn	挫伤 cuòshāng
沧桑 cāngsāng	操纵 cāozòng	挫折 cuòzhé
干脆 gāncuì	决策 juécè	其次 qícì
刚才 gāngcái	拼凑 pīncòu	因此 yīncǐ

（6）声母 s

懊丧 àosàng	快速 kuàisù	思想 sīxiǎng
白色 báisè	扩散 kuòsàn	四周 sìzhōu
粉碎 fěnsuì	类似 lèisì	似乎 sìhū
佛寺 fósì	民俗 mínsú	饲料 sìliào

跟随 gēnsuí	撒手 sāshǒu	送别 sòngbié
公司 gōngsī	赛场 sàichǎng	搜查 sōuchá
红色 hóngsè	色彩 sècǎi	搜刮 sōuguā
黄色 huángsè	森林 sēnlín	铁丝 tiěsī
灰色 huīsè	私人 sīrén	万岁 wànsuì
活塞 huósāi	思索 sīsuǒ	相似 xiāngsì
加速 jiāsù	思维 sīwéi	颜色 yánsè

3. 声母 r

西南官话区的武汉、成都、重庆、桂林，平、翘舌声母不分（只有 z、c、s），无 r 声母。普通话 r 声母，在这四地读作 n/l、/z/ 声母，或是韵母为 i 或 i 开始的零声母音节。昆明话区分平、翘舌声母，有 r。西南官话里，平、翘舌和 r 声母的共现情况还有更多的形式。例如，西南官话武天片调查点里，有只有 zh、ch、sh 声母而无 r 的情况，鄂北片有的点只有 z、c、s 声母而无 r。对西南官话区普通话学习者来说，首先要能辨别普通话 r 声母字，然后要注意 r 的发音部位和 zh、ch、sh 一样，也是硬腭前端，避免翘舌不到位造成缺陷。普通话声母 r 发音示意图见图 6。

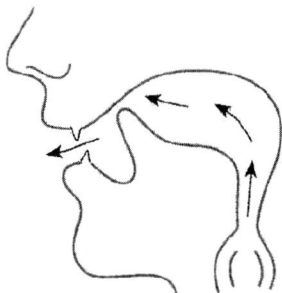

图 6　普通话声母 r 发音示意图

普通话声母 r 是声带振动的近音，发音部位和 zh、ch、sh 相同，但主动发音部位（舌尖）和被动发音器官（硬腭前端）间距离比 zh、ch、sh 略大，气流通过时无明显气噪音。

普通话里能和声母 r 拼合的韵母较有限，如：ao、an、ang；e、en、eng；i；u、ui、uo、un、uan；ou、ong。可依此辨别、记忆 r 声母字。

普通话中涉及 r 声母字的常见词训练。

傲然 àorán	加入 jiārù	退让 tuìràng
白日 báirì	假若 jiǎruò	往日 wǎngrì
薄弱 bóruò	节日 jiérì	温柔 wēnróu
丢人 diūrén	今日 jīnrì	笑容 xiàoróng
度日 dùrì	连日 liánrì	翌日 yìrì
割让 gēràng	落日 luòrì	值日 zhírì
光荣 guāngróng	飘然 piāorán	然而 rán'ér
红润 hóngrùn	平日 píngrì	燃烧 ránshāo
即日 jírì	穷人 qióngrén	热量 rèliàng
加热 jiārè	时日 shírì	热门 rèmén
人才 réncái	日后 rìhòu	柔和 róuhé
人均 rénjūn	日记 rìjì	柔软 róuruǎn
人民 rénmín	日见 rìjiàn	柔顺 róushùn
人群 rénqún	日渐 rìjiàn	如下 rúxià
人文 rénwén	日趋 rìqū	乳汁 rǔzhī
人员 rényuán	日食 rìshí	入学 rùxué
任何 rènhé	溶洞 róngdòng	润滑 rùnhuá
日程 rìchéng	融合 rónghé	若干 ruògān
日光 rìguāng	融洽 róngqià	弱点 ruòdiǎn

4. j、q、x 和 g、k、h 两组声母的读音

西南官话 j、q、x 声母字与普通话的不完全一致。例如，普通话一部分 j、q、x 声母在西南官话中发 g、k、h 声母。如，"街、解、角、界"声母发 g，"嵌、去、敲"声母发 k，"吓、项、咸、鞋"声母发 h。普通话一部分 zh、ch、sh 声母字在武汉话中变作 j、q、x。如，武汉话"猪、准"声母发 j，"出、吃"声母发 q，"书、顺"声母发 x。相关训练见下。

（1）j、q、x 声母字和 g、k、h 声母字。

窖 jiào	告 gào	角 jiǎo	国 guó	街 jiē	该 gāi
界 jiè	盖 gài	介 jiè	概 gài	解 jiě	改 gǎi
借 jiè	溉 gài	嵌 qiàn	看 kàn	敲 qiāo	靠 kào
强 qiáng	祥 xiáng	项 xiàng	巷 xiàng	鞋 xié	孩 hái

（2）zh、ch、sh 声母字和 j、q、x 声母字。

驹 jū	朱 zhū	举 jǔ	主 zhǔ	捐 juān	专 zhuān
绢 juàn	撰 zhuàn	沏 qī	吃 chī	棋 qí	迟 chí
权 quán	船 chuán	裙 qún	醇 chún	戏 xì	是 shì
需 xū	书 shū	需 xū	输 shū	逊 xùn	顺 shùn

5. 零声母音节

普通话的零声母字，在西南官话中大体分作两类。一类跟普通话一样是零声母音节，如"衣、语、阳、二"；另一类是声母 ng，如"爱、安、挨、伢"。此外，在有些 u，i 韵母或介音前，还有加声母 /v/、/ŋ/、n/l 的情况。普通话零声母音节训练见下。

安慰 ānwèi	来源 láiyuán	图案 tú'àn
昂扬 ángyáng	利用 lìyòng	外语 wàiyǔ
定额 dìng'é	美元 měiyuán	巍峨 wēi'é

东欧 dōng'ōu　　　　灭亡 mièwáng　　　　涡流 wōliú

动员 dòngyuán　　　木偶 mù'ǒu　　　　　蜗牛 wōniú

恶化 èhuà　　　　　能源 néngyuán　　　凶恶 xiōng'è

儿童 értóng　　　　讴歌 ōugē　　　　　压迫 yāpò

而且 érqiě　　　　　培育 péiyù　　　　　因而 yīn'ér

附庸 fùyōng　　　　品位 pǐnwèi　　　　拥戴 yōngdài

高昂 gāo'áng　　　　区域 qūyù　　　　　拥护 yōnghù

高傲 gāo'ào　　　　让位 ràngwèi　　　　用户 yònghù

高原 gāoyuán　　　热爱 rè'ài　　　　　用途 yòngtú

功用 gōngyòng　　　日夜 rìyè　　　　　由于 yóuyú

公元 gōngyuán　　　日益 rìyì　　　　　犹豫 yóuyù

怀孕 huáiyùn　　　　日用 rìyòng　　　　于是 yúshì

激昂 jī'áng　　　　　山坳 shān'ào　　　愉快 yúkuài

骄傲 jiāo'ào　　　　深奥 shēn'ào　　　预测 yùcè

借用 jièyòng　　　　天鹅 tiān'é　　　　运用 yùnyòng

军用 jūnyòng　　　　通用 tōngyòng　　　总额 zǒng'é

附录一

l、n 声母字辨别及训练

说明：

（1）教育部、国家语言文字工作委员会历时十余年组织研制了《通用规范汉字表》，2013 年 6 月由国务院正式发布。这是本附录的主要来源。

（2）本附录所选字有两个侧重：一是在普通话水平测试"读单音节字词"或"读多音节词语"试题中出现过的；二是"普通话水平测

试用朗读作品"中易错读的字。

（3）表中加点的字（词），是普通话水平测试中必须掌握，且出现频度较高，失误也较多的字（词）。

（4）带括号的字词，是普通话水平测试中必须掌握的多音字或异读词。

（5）黑体字为入声字。

L

lā	**拉**（拉车；拉 lá 了个口；半拉 lǎ；拉 là 下）垃啦邋
lá	**拉**
lǎ	**拉喇**
là	**落腊**（腊月；xī 干肉）**蜡辣拉**
lái	来莱
lài	赖癞
lán	兰拦栏蓝篮澜褴
lǎn	览懒揽缆榄
làn	烂滥
láng	郎狼廊琅榔
lǎng	朗
làng	浪
lāo	捞
láo	劳牢唠
lǎo	老姥
lào	**烙**（烙铁；炮烙 luò）**络**（络子；脉络 luò）涝**落酪**
lè	**乐**（快乐；音乐 yuè）**勒**（勒令；勒 lēi 紧点）
le	了（语气助语；了 liǎo 解）

lēi　　勒（勒紧；勒 lè 令）

léi　　雷累（累赘；积累 lěi；劳累 lèi）擂（擂鼓；擂 lèi 台）镭嬴

lěi　　垒累蕾儡

lèi　　泪类累肋擂

léng　　棱楞

lěng　　冷

lī　　哩

lí　　厘狸离梨犁璃黎漓篱

lǐ　　礼李里理鲤

lì　　**力历**厉**立**丽励利例隶**栗粒**吏**沥**荔俐莉**砾雳**痢

liǎ　　俩（夫妇俩；伎俩 liǎng）

lián　　连怜帘莲联廉镰

liǎn　　脸敛

liàn　　练炼恋链

liáng　　良凉（凉快；凉 liàng 一凉）梁量粮粱

liǎng　　两

liàng　　亮凉谅辆量晾

liang　　量（打量；大量 liàng；测量 liáng）

liāo　　撩（撩开；撩 liáo 拨）

liáo　　辽疗僚聊撩嘹缭燎寥

liǎo　　了潦燎（头发燎了；燎 liáo 原）

liào　　料镣撂瞭

liē　　咧（大大咧咧）

liě　　咧（咧嘴）

liè　　**列劣烈猎裂**

lín　　邻林临淋（淋浴；淋 lìn 病）琳磷鳞霖

līn	拎
lǐn	凛檩
lìn	淋吝赁躏
líng	令伶灵铃陵零龄玲凌菱蛉翎棱（穆棱；棱 léng 角）绫
lǐng	令岭领
lìng	另令（命令；姓令 líng；一令 lǐng 纸）
liū	溜（溜冰；檐溜 liù）
liú	刘留流榴琉硫馏（蒸馏；馏 liù 馒头）瘤
liǔ	柳绺
liù	**六陆碌**溜馏
lōng	隆
lóng	龙聋笼隆咙胧窿
lǒng	拢垄笼（笼罩；笼 lóng 子）陇
lòng	弄（里弄；弄 nòng 开）
lōu	搂（搂柴火；搂 lǒu 抱）
lóu	楼娄
lǒu	搂篓
lòu	漏露陋
lú	芦炉卢颅
lǔ	芦房鲁卤掳
lù	**陆**（陆地；liù"六"的大写）**录鹿绿碌**（忙碌；碌 liù 碡）路露（露水；露 lòu 面）赂麓禄
luán	峦李
luǎn	卵
luàn	乱
lüè	**掠略**

lūn 抡（抡拳；抡 lún 材，"选拔"意）

lún 论轮仑伦抡沦

lùn 论（理论；论 lún 语）

luō 啰

luó 罗萝锣箩骡螺逻

luǒ 裸

luò **骆络落**（降落；落 lào 色；丢三落 là 四）**洛烙摞**

lú 驴

lǔ 旅屡吕侣铝缕履褛

lǜ **律**虑率**绿**（绿色；绿 lù 林）滤氯

n

nā 那（姓氏；那 nà 里；那 nèi 个，"那"（nà）的口语音）

ná 拿

nǎ 哪（哪儿；na 语气词；哪 né 吒；哪 něi 年，"哪"（nǎ）的口语音）

nà 那纳呐钠娜（人名；袅娜 nuó）捺

na 哪

nǎi 乃奶氖

nài 耐奈

nán 男南难（艰难；灾难 nàn）

nàn 难

nāng 囊（囊膪；囊 náng 肿）

náng 囊

náo 挠蛲

nǎo 恼脑

nào 闹

né 哪（哪吒）

ne 呢（语气词；呢 ní 子）

něi 馁

nèi 内

nèn 嫩恁

néng 能

nī 妮

ní 尼呢泥（泥土；拘泥 nì）倪

nǐ 你拟

nì 泥**逆昵匿**腻**溺**

niān 蔫拈

nián 年粘鲇黏

niǎn 捻撵碾

niàn 念

niáng 娘

niàng 酿

niǎo 鸟

niào 尿（撒尿；尿 suī 脬）

niē **捏**

niè **聂镍孽**啮**蹑**

nín 您

níng 宁（安宁；宁 nìng 可）凝狞柠

nǐng 拧

nìng 宁泞

niú 牛

niǔ 扭纽钮忸

niù 拗

nóng 农浓脓

nòng 弄（玩弄；弄 lòng 堂）

nú 奴

nǔ 努

nù 怒

nǚ 女

nuǎn 暖

nüè 疟（疟疾；发疟 yào 子）虐

nuó 挪娜

nuò 诺懦糯

附录二

z、c、s 和 zh、ch、sh 声母字辨别及训练
z 和 zh

zā 扎（编扎；扎 zhā 针）咂

zá 杂砸

zāi 灾栽

zǎi 载（登载；载 zài 重）宰崽

zài 再在载

zán 咱

zǎn 攒（积攒；攒 cuán 动）

zàn 暂赞

zāng 脏（肮脏；内脏 zàng）赃

zàng	脏葬藏
zāo	遭糟
záo	**凿**
zǎo	早枣澡蚤藻
zào	皂灶造燥躁噪
zé	**则责择**（选择；择 zhái 菜）**泽**
zè	仄
zéi	**贼**
zěn	怎
zēng	曾（曾祖；曾 céng 经）增憎
zèng	赠
zī	姿资滋吱咨
zǐ	子仔紫姊籽滓
zì	自字
zi	子
zōng	宗棕踪综鬃
zǒng	总
zòng	纵
zǒu	走
zòu	奏揍
zū	租
zú	**足族**卒
zǔ	阻组祖诅
zuān	钻（钻研；钻 zuàn 石）
zuàn	钻攥
zuǐ	嘴

zuì	最罪醉
zūn	尊遵
zuō	**作**（作坊；工作 zuò）
zuó	**昨琢**
zuǒ	左**撮**佐
zuò	作坐座做
zhā	扎（扎针；挣扎 zhá）
zhá	**扎轧闸**炸（炸糕；炸 zhà 弹）铡
zhǎ	**眨**
zhà	炸榨乍诈**栅**
zhāi	**摘**斋
zhái	**宅**择
zhǎi	**窄**
zhài	债寨
zhān	占（占卜；占 zhàn 领）沾粘（粘贴；粘 nián 液）毡瞻
zhǎn	斩盏展崭
zhàn	占战站颤栈绽蘸
zhāng	张章彰樟
zhǎng	长涨（涨价；头昏脑涨 zhàng）掌
zhàng	丈仗帐胀涨障杖账
zhāo	招**着**朝昭
zháo	**着**（着凉；穿着 zhuó；高着 zhāo 儿；站着 zhe）
zhǎo	爪找沼
zhào	召（召开；姓召 shào）兆赵照
zhē	**折**（折腾）遮
zhé	**折**（转折；折 shé 本）**哲辙**谪

zhě	者褶
zhè	这（书面语；这 zhèi，"这"（zhè）的口语音）**浙**蔗
zhe	**着**
zhēn	贞针侦珍真斟榛臻
zhěn	诊枕疹
zhèn	阵振震镇
zhēng	正（正月；正 zhèng 面）争征挣症（症结；症 zhèng 状）睁筝蒸怔狰
zhěng	整拯
zhèng	正证郑政挣（挣钱；挣 zhēng 扎）症
zhī	之支只（一只；只 zhǐ 有）**汁**芝枝知肢**织**脂蜘吱
zhí	**执直侄值职植殖**
zhǐ	止只旨址纸指趾咫
zhì	至志识帜制质治致**秩**智置挚**掷窒**滞稚
zhōng	中（中心；中 zhòng 标）忠终盅钟
zhǒng	肿种（种子；种 zhòng 地）冢
zhòng	中众种重（重量）仲
zhōu	舟州周洲**粥**
zhóu	**轴**（轴心；压轴 zhòu 戏）
zhǒu	肘帚
zhòu	宙昼皱骤咒轴
zhū	朱珠株诸猪蛛诛
zhú	**竹逐烛**
zhǔ	主煮嘱拄瞩
zhù	助住注驻柱祝著（著作）贮蛀**筑**铸
zhuā	抓

zhuǎ	爪（爪子；爪 zhǎo 牙）
zhuān	专砖
zhuǎn	转（旋转，转变；转 zhuàn 悠）
zhuàn	传转赚撰篆
zhuāng	庄装妆桩
zhuàng	壮状撞幢
zhuī	追椎（椎骨；椎 chuí，同"捶"）锥
zhuì	坠缀赘
zhūn	谆
zhǔn	准
zhuō	**捉桌**拙
zhuó	**浊**涿**着**灼**苗酌琢**卓

c 和 ch

cā	擦
cāi	猜
cái	才材财裁
cǎi	采（采用；采 cài 地）彩睬踩
cài	菜蔡
cān	参（参加；人参 shēn；参 cēn 差）餐
cán	残蚕惭
cǎn	惨
càn	灿
cāng	仓苍舱沧
cáng	藏（藏身；宝藏 zàng）
cāo	操糙

cáo	槽曹
cǎo	草
cè	**册侧**厕（侧面；侧 zhāi 歪；平侧 zè，同"仄"）**测**策
céng	层曾（曾经；姓曾 zēng）
cèng	蹭
cī	差疵
cí	词辞慈磁祠瓷雌
cǐ	此
cì	次刺伺赐
cōng	匆葱聪囱
cóng	从丛淙
còu	凑
cū	粗
cù	**促**醋**簇**
cuān	蹿
cuán	攒
cuàn	窜篡
cuī	催摧崔
cuì	脆翠悴粹啐
cūn	村
cún	存
cùn	寸
cuō	搓撮（撮合；一撮 zuǒ 儿毛）
cuò	错挫措锉
chā	叉（叉子；叉 chá 住；叉 chǎ 着腿）差（差别；差 chà 不多；出差 chāi；参差 cī）**插**杈喳

chá	叉茶查（检查；姓查 zhā）察茬碴
chǎ	叉衩
chà	叉岔差杈刹衩
chāi	**拆**（拆开）差
chái	柴豺
chān	掺搀
chán	单（单于；单 dān 独；姓单 shàn）馋缠蝉
chǎn	产铲阐
chàn	颤（颤动；颤 zhàn 栗）
chāng	昌猖
cháng	长（长城；长 zhǎng 官）场（场院；场 chǎng 合）肠尝常偿
chǎng	厂场敞
chàng	畅倡唱
chāo	抄吵钞超绰剿（剿说；剿 jiǎo 匪）
cháo	朝（朝廷；朝 zhāo 阳）潮巢嘲（嘲笑；嘲 zhāo）
chǎo	吵（吵嘴；吵吵 chāo）炒
chē	车（火车；车 jū 马炮）
chě	扯
chè	**彻撤澈**
chēn	抻
chén	臣尘辰沉陈晨忱
chèn	衬称（称心，对称；职称 chēng）趁
chēng	称撑
chéng	成呈诚承城乘（乘车；千乘 shèng 之国）盛程惩澄（澄清事实；把水澄 dèng 清）橙

chěng　逞（逞能）

chèng　秤

chī　**吃**嗤痴

chí　池驰迟持匙弛踟

chǐ　**尺**齿耻侈

chì　**斥赤**翅炽

chōng　充冲（冲刷；冲 chòng 床）春憧

chóng　虫种（姓；种 zhǒng 子；种 zhòng 地）重崇

chǒng　宠

chòng　冲（冲劲儿；冲 chōng 锋）

chōu　抽

chóu　仇（仇敌；姓仇 qiú）绸酬稠愁筹畴

chǒu　丑

chòu　臭（臭气；乳臭 xiù）

chū　**出**初

chú　除厨锄雏橱蹰

chǔ　处（处理；处 chù 所）础储楚

chù　处**畜触矗**

chuāi　揣（揣在怀里；揣 chuǎi 摩；挣揣 chuài）

chuǎi　揣

chuài　揣踹

chuān　川穿

chuán　传（宣传；传 zhuàn 记）船

chuǎn　喘

chuàn　串

chuāng　创疮窗

chuáng 　床幢（经幢；一幢 zhuàng）

chuǎng 　闯

chuàng 　创（创造；创 chuāng 伤）

chuī 　　吹炊

chuí 　　垂锤捶

chūn 　　春椿

chún 　　纯唇淳醇

chǔn 　　蠢

chuō 　　戳

chuò 　　绰（宽绰；绰 chāo 起棍子）

s 和 sh

sā 　　　撒（撒网；撒 sǎ 种）

sǎ 　　　洒撒

sà 　　　飒萨

sāi 　　　塞（塞子；要塞 sài；阻塞 sè）腮鳃

sài 　　　塞赛

sān 　　　三叁

sǎn 　　　伞散（懒散；散 sàn 会）

sàn 　　　散

sāng 　　丧（丧事；丧 sàng 失）桑

sǎng 　　嗓

sàng 　　丧

sāo 　　　搔骚臊缫

sǎo 　　　扫（扫地；扫 sào 帚）嫂

sào 　　　扫臊

sè   **色**（颜色；掉色 shǎi）**塞涩瑟**

sēn   森

sēng   僧

sī   司丝私思斯撕嘶

sǐ   死

sì   四寺似（相似；似 shì 的）饲肆伺（伺机；伺 cì 候）

sòu   嗽

sōng   松

sǒng   耸

sòng   宋送诵颂讼

sōu   搜艘

sū   苏酥

sú   **俗**

sù   诉**肃素速宿**（宿舍；一宿 xiǔ；星宿 xiù）塑缩**粟**溯籁

suān   酸

suàn   蒜算

suī   尿虽

suí   随遂绥

suǐ   髓

suì   岁碎穗祟遂（遂心；半身不遂 suí）隧

sūn   孙

sǔn   损笋

suō   **缩**唆梭嗦娑

suǒ   所索锁琐

shā   **杀**沙纱杉**刹**（刹车；古刹 chà）砂**煞**（煞车；煞 shà 费苦心）

shá　　啥

shǎ　　傻

shà　　厦（大厦；厦 xià 门）煞霎

shāi　　筛

shǎi　　**色**

shài　　晒

shān　　山删衫扇（扇动；扇 shàn 子）杉（杉树；杉 shā 木）
　　　　苫珊栅（栅极；栅 zhà 栏）姗

shǎn　　闪陕掺

shàn　　单扇善苫擅膳赡缮

shāng　　伤商墒

shǎng　　上晌赏

shàng　　上（上面；上 shǎng 声）尚

shang　　裳

shāo　　捎烧梢稍（稍微；稍 shào 息）

sháo　　**勺芍**

shǎo　　少（多少；少 shào 年）

shào　　少绍捎哨稍

shē　　奢赊

shé　　**舌折蛇**（毒蛇；委蛇 yí）

shě　　舍（舍弃；宿舍 shè）

shè　　**设**社舍射**涉摄**赦慑麝

shéi　　谁

shēn　　申伸身参深呻绅娠砷

shén　　什（什么；什 shí 锦）神

shěn　　沈（姓沈；chén 同"沉"）审婶

shèn　肾甚渗慎蜃

shēng　升生声牲笙甥

shéng　绳

shěng　省（省略；反省 xǐng）

shèng　圣胜乘盛（昌盛；盛 chéng 饭）剩

shī　尸失师诗狮施湿虱

shí　十什石（石头；一石 dàn 米）时识实拾食（食品；食 sì，拿东西给人吃）蚀

shǐ　史使始驶矢屎

shì　士氏示世市式似势事侍饰试视柿是适室逝释誓拭恃嗜

shi　匙殖

shōu　收

shóu　熟（饭熟了，口语；成熟 shú）

shǒu　手守首

shòu　寿受授售兽瘦

shū　书叔殊梳舒疏输蔬抒枢淑

shú　熟秫赎

shǔ　暑属（属于；属 zhǔ 意）鼠数（数一数；数 shù 目，数 shuò 见不鲜）薯黍署蜀曙

shù　术（技术；白术 zhú）束述树竖数恕庶墅漱戍

shuā　刷

shuǎ　耍

shuāi　衰（衰弱；鬓毛衰 cuī）摔

shuǎi　甩

shuài　帅率（率领；效率 lǜ）蟀

shuān　拴栓

shuàn　涮

shuāng　双霜孀

shuǎng　爽

shuǐ　水

shuì　说税睡

shǔn　吮

shùn　顺瞬舜

shuō　**说**（说话；游说 shuì；yuè 同"悦"）

shuò　数**烁硕**

附录三

r 声母字辨别及训练

rán　然燃

rǎn　染

rāng　嚷（嚷嚷；叫嚷 rǎng）

ráng　瓤

rǎng　壤嚷攘

ràng　让

ráo　饶

rǎo　扰

rào　绕

rě　惹

rè　**热**

rén　人仁任（姓任；任 rèn 务）

rěn　忍

rèn　　刃认任纫韧妊

rēng　　扔

réng　　仍

rì　　**日**

róng　　荣绒容熔融茸蓉溶榕

rǒng　　冗

róu　　柔揉蹂

ròu　　**肉**

rú　　如儒蠕茹孺

rǔ　　乳**辱**汝

rù　　**入褥**

ruǎn　　软

ruǐ　　蕊

ruì　　锐瑞睿

rùn　　润闰

ruò　　**若弱**

三、韵母

（一）普通话与西南官话韵母比较

"普通话与西南官话韵母比较"一表旨在帮助读者注意到西南官话和普通话韵母间的系统差异。

表24　普通话与西南官话韵母比较

普通话	武汉话	成都/重庆话	贵阳话	昆明话	桂林话
ɑ八打拿杀	ɑ八打拿杀	ɑ八打拿杀	ɑ八打拿杀	ɑ八打拿杀	ɑ八打拿杀

续表

普通话	武汉话	成都/重庆话	贵阳话	昆明话	桂林话
o 波破摸墨	o 波破摸 e 墨伯	o 波破摸 [ε]墨	o 波破摸 e 墨	o 波破摸	o 波破摸
e 得特热色	e 得特热色 o 哥科鹅喝	[ε]特革 o 哥喝	e 得特热色 o 哥合割	e 得特热色河	e 得特色 ie 热 o 哥合
i 比皮低细	i 比皮低细 ei 闭披批臂	i 比皮低细 ei 批臂	i 比皮低细 ei 批披	i 比皮低细	i 比皮低细
u 不普谷虎	u 不普谷虎 ü 珠树如出 ou 浮读土宙 ao 牡 ong 木穆母 [m]姆	u 不普谷虎 出读 o 墓 ong 宙	u 不普谷墓木 iu 族俗肃 ou 浮宙	u 不普谷虎木	u 不普谷虎 ao 牡 ou 浮宙
ü 女具雨	ü 女具雨 ou 绿 [ɯ]去 e 锯	ü 女具雨 üu 局曲育（重庆）	i 女徐鱼芋 iu 屈育局 u 绿 e 去	i 驴玉橘 iu 屈育局	ü 女具雨 e 去
ê[E]欸					
èi[ʅ]丝四词	[ʅ]丝四词	[ʅ]丝四词	[ʅ]丝四词	[ʅ]丝四词	[ʅ]丝四词
èi[ʅ]师世吃	[ʅ]师世 [ɯ]日 e 虱 i 吃	[ʅ]师世吃日	[ʅ]师世吃日	[ʅ]师世吃日 [ʅ]柿	[ʅ]师世吃
er 儿耳二	[ɯ]儿耳二	[ɚ]儿耳二	er 儿耳二	[ɐ]儿耳二	[ə]耳二
ai 摆埋挨彩	ai 摆埋挨彩 e 白拍麦窄 [ε]太在	ai 摆在彩 [ε]白	ai 摆在彩 e 白麦窄	[æ]摆在彩 e 白麦窄	ai 摆埋挨彩
ei 被配美非	ei 被配美非 e 北给黑	ei 美倍非 [ε]黑给 i 眉	ei 配美非 e 给黑 i 被眉	ei 配美非 uei 累	ei 被配美非 e 北
ao 包跑老烧	ao 包跑老烧 ou 贸卯 [ɔ]糟	ao 包跑老烧	ao 包跑老烧 ou 茂	[ɔ]包跑老烧	ao 包跑老烧 ou 贸茂 iao 绕

普通话	武汉话	成都/重庆话	贵阳话	昆明话	桂林话
ou 谋豆头楼	ou 谋豆头楼	[əu] 头楼（成都）[ou] 头楼（重庆）u 轴 ong 谋	ou 谋豆头楼 u 肉	[əu] 谋豆头楼	ou 谋豆头楼 iou 柔
an 班盘南伞	an 班盘南伞 en 拌 [ɛ] 漫	aⁿ① 班盘南伞	an 班盘南伞	[Ã] 班盘南伞	[ã] 班盘南伞 [iã] 染
en 笨怎跟	en 笨怎跟	en 笨怎跟	en 笨怎跟	[ɔ̃] 笨怎跟 [uɔ̃] 嫩	en 笨怎跟 in 人
ang 帮胖忙上	ang 帮胖忙上	ang 帮胖忙上	ang 帮胖忙上	[Ã] 帮胖忙上	ang 帮胖忙上
eng 等朋冷风	en 等冷坑僧 ong 绷朋风母 uen 横	en 等冷坑僧 ong 绷朋风 uen 横	en 等冷坑僧 ong 绷朋风 un 横	[ɔ̃] 等冷坑僧 ong 绷朋风	en 等冷坑僧 ong 绷朋风
ong 冬空农红	ong 冬空农红 iong 荣容绒	ong 冬空农红 iong 荣容	ong 冬空农红 iong 荣容龚	ong 冬空农红 iong 荣容	ong 冬空农红 iong 容茸
ia 家恰夏牙	ia 家恰夏牙 e 吓	ia 家恰夏牙 ai 崖	ia 家恰夏牙 ai 崖	ia 家恰夏牙	ia 家恰夏牙 e 吓
ie 撇铁姐夜	ie 撇铁姐夜 ai 街鞋解 üe 茄	[iɛ] 撇铁姐夜 ai 街鞋 üe 茄 iai 介皆懈	ie 撇铁姐夜茄 ai 鞋	[iɛ] 夜 i 铁 [æ] 鞋	ie 撇铁姐夜茄 ai 街鞋
iao 标交鸟妖	iao 标交鸟妖 io 脚药 ao 敲咬 [iɔ] 看 o 角	iao 标交鸟妖 io 脚药 ao 敲	ao 敲 io 脚悄 o 角	[iɔ] 标交鸟妖 io 药悄	iao 标交鸟妖 io 脚 o 角 ao 敲咬
iou 丢留九秀	iou 丢留九秀 ou 六	[iəu] 丢留九秀	iou 丢留九秀 u 六	[iəu] 丢留九秀	iou 丢留九秀

① 成都 aⁿ、iaⁿ、uaⁿ、üaⁿ 鼻音有弱化或脱落的现象，上标 n 表示此意。

续表

普通话	武汉话	成都/重庆话	贵阳话	昆明话	桂林话
ian 边偏店练	ian 边偏店练 an 苋咸闲 [ɛ] 片点	ian 边偏练点 an 苋咸 iai 延	ian 边偏练点	[iɛ̃] 边偏练点	[iã] 尖边 [ã] 限监 [ũã] 铅
in 聘敏今进	in 聘敏今进	in 聘敏今进	in 聘敏今进	[ĩ] 因聘敏今	in 聘敏今进
iang 亮讲强想	iang 亮讲强想 ang 豇巷项	iang 亮讲强想 ang 巷项	iang 亮讲强想 ang 巷	[iÃ] 羊讲强想	iang 亮讲强想 ang 巷项
ing 冰平丁青	in 冰平丁青 en 硬	in 冰平丁青 en 硬 ün 倾	in 冰平丁青 en 硬樱	[ĩ] 英冰平丁 [ɔ̃] 硬	in 冰平丁青 ün 倾
ua 抓刷瓜话	ua 抓刷瓜话	ua 抓刷瓜话	ua 抓刷瓜话	ua 抓刷瓜话	
uo 多裸错火	o 多裸错火 ou 做缩 ue 国或说	o 多 u 做 [uɛ] 国或扩	o 多裸错火 u 做 ue 国或扩	o 多裸错国	uo 多裸错火 ua 括
uai 歪快衰怀	uai 歪快衰怀	uai 歪快衰怀	uai 歪快衰怀	[uæ] 歪快衰怀	
uei 最岁归为	uei 归为锤水 ei 堆腿最岁 uai 剑	uei 最岁归为 ü 虽		uei 最岁归为	uei 岁归为 e 最腿
uan 管船赚酸	uan 管船赚闩 an 短乱酸 üan 软		uan 管船赚酸	uan 管船赚闩	[uã] 端关 [ũã] 软
un 滚捆问	un 滚捆问 en 孙吞顿寸论 ün 准春顺	un 滚捆问顺 en 吞顿寸论	un 滚捆问顺 en 孙	[uɔ̃] 吞捆问顺	un 滚捆问 ün 闰 en 寸
uang 装窗爽黄	uang 装窗爽黄	uang 装窗爽黄	uang 装窗爽黄	[uÃ] 光装窗爽	uang 装窗爽黄
ueng 翁瓮	ong 翁瓮	ong 翁瓮	ong 翁瓮	ong 翁瓮	ong 翁
üe 倔缺月	üe 倔缺月 io 略学约 ie 雪	[üɛ] 倔缺月 io 略学约	ie 雪缺月 io 略学约雀削	[iɛ] 月 [io] 约学雀	üe 倔缺月雪 [io] 约学
üan 冤圆全	üan 冤圆全	üan 冤圆全	ian 冤圆全	[iɛ̃] 元犬倦	[üã] 全
ün 均群熏	ün 均群熏	ün 均群熏	in 云群寻		
iong 穷凶用	iong 穷凶用	iong 穷凶用 ün 琼永	iong 穷凶用 in 琼永	iong 穷凶永 [ĩ] 琼	iong 穷凶用 ün 永窘

（二）韵母正音训练

和普通话比较，西南官话大多不区分 in 和 ing，en 和 eng，发为前鼻音。根据《方言调查字表》，约 3700 字中，ing 韵母字约 140 个，eng 韵母字约 130 个。此外，除去少量不常用字，ing、eng 韵母字数量有限。不能区分普通话前、后鼻韵母字的学习者可考虑记住 ing、eng 韵母字，用排除法区别记忆。普通话 in/ing，en/eng 韵母字辨别参见本章"附录一、三"。本章"附录二"列举了普通话 ong 韵母的常见字，读者可结合 eng 韵母常用字，区别普通话的 ong、eng 韵母字。

普通话前、后鼻音字的辨别有一定的规律。

第一，利用形声字的声旁类推。

独体字是后鼻韵母或前鼻韵母，以其作声旁的形声字一般也是如此。例如：

正 eng——整、证、征、症、政、怔、惩（此外还有"登、更、争、成、生、曾"等）

申 en——神、伸、审、绅、婶、砷、呻、胂（此外还有"本、门、分、艮、真、刃、辰"等）

青 ing——清、情、请、晴、氰、鲭、蜻、精、静、睛、靖、菁、婧（此外还有"并、丙、平、名、冥、丁、定、亭、廷、宁、令、京、竟、英、婴"等）

斤 in——近、靳、芹、新、薪、欣、忻、昕（此外还有"宾、民、林、今、堇、心、因"等）

第二，利用声韵配合规律。

普通话声母 d、t、n、l 一般只与韵母 eng 相拼，不与韵母 en 相拼（"扽 dèn、嫩 nèn"除外）。如"灯、登、等、邓、瞪、凳；疼、腾、

———————
① 商务印书馆，1981。

藤、滕、誊;能;棱、冷、愣"。

普通话声母 b、p、m、f 不与韵母 ong 相拼,而与 eng 相拼。如"崩、绷、甭、蹦、迸、泵、蚌;烹、砰、朋、棚、鹏、彭、膨、澎、蓬、篷、捧、碰;蒙、盟、萌、檬、朦、猛、锰、孟、梦;风、疯、枫、丰、封、峰、锋、蜂、烽、逢、缝、冯、讽、凤、奉、俸"。

普通话声母 d、t、n 一般只与韵母 ing 相拼,不与韵母 in 相拼("您 nín"除外)。如"丁、钉、盯、叮、疔、顶、鼎、定、订;听、厅、亭、停、婷、廷、庭、霆、挺、艇;宁、狞、泞、凝"。

第三,记特殊常用字。

普通话韵母 en 与声母 g 相拼的只有"跟、根"等几个常用字,与 h 相拼的只有"痕、很、狠、恨"等几个常用字。普通话韵母 in 与声母 n 相拼的只有一个常用字"您",可以记住这些常用字。

普通话前、后鼻音的发音也是西南官话区学习者的难点之一。图7 是前、后鼻音韵母发音示意图。

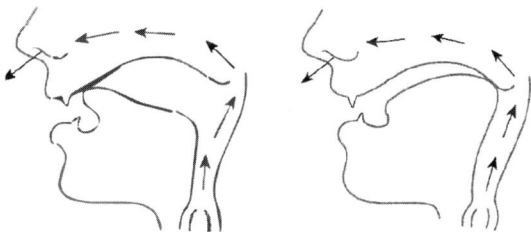

图7 普通话前、后鼻音韵母发音示意图

普通话前、后鼻音韵母发音方式相同,都是鼻音——声带振动、气流从鼻腔通过。两者的区别在发音部位。n 不论当声母还是韵尾,发音方式、发音部位都一样,声带振动,舌尖前上抬接触齿龈(图7,左)阻塞口腔通道,鼻腔通道打开、气流从鼻腔通过。后鼻音 ng,声带振动,舌后(图7,右)隆起,软腭下降,舌后和软腭接触、阻塞口腔通道，气流从鼻腔流出。普通话塞音声母 g、k 和后鼻音 ng 发音部位相同，学习者也可试发 g、k 声母字，感受舌后和软腭成阻的感觉。

普通话前、后鼻音训练见下 1 至 3。i、u、ü 类韵母发音训练见 4 至 6。

1. 前鼻音：韵尾 n

伴随 bànsuí	脚跟 jiǎogēn	片面 piànmiàn
濒临 bīnlín	军人 jūnrén	贫寒 pínhán
恩人 ēnrén	开垦 kāikěn	贫困 pínkùn
根据 gēnjù	来宾 láibīn	频率 pínlǜ
跟前 gēnqián	来临 láilín	品德 pǐndé
贵宾 guìbīn	面临 miànlín	千瓦 qiānwǎ
国民 guómín	民歌 míngē	牵挂 qiānguà
狠心 hěnxīn	片刻 piànkè	乾坤 qiánkūn
浅显 qiǎnxiǎn	全局 quánjú	书卷 shūjuàn
侨眷 qiáojuàn	全面 quánmiàn	衰变 shuāibiàn
亲切 qīnqiè	群落 qúnluò	珍贵 zhēnguì
圈套 quāntào	群体 qúntǐ	镇压 zhènyā
全部 quánbù	实践 shíjiàn	转弯 zhuǎnwān

2. 后鼻音：韵尾 ng

昂贵 ánguì	佛经 fójīng	决定性 juédìngxìng
帮忙 bāngmáng	革命 gémìng	客厅 kètīng
报名 bàomíng	耕作 gēngzuò	课程 kèchéng
崩溃 bēngkuì	共鸣 gòngmíng	快艇 kuàitǐng

并用 bìngyòng　　构成 gòuchéng　　旷工 kuànggōng

病人 bìngrén　　光明 guāngmíng　　领袖 lǐngxiù

波峰 bōfēng　　广场 guǎngchǎng　　另外 lìngwài

才能 cáinéng　　贵姓 guìxìng　　流行 liúxíng

苍穹 cāngqióng　　合并 hébìng　　履行 lǚxíng

长城 chángchéng　　和平 hépíng　　萌发 méngfā

成虫 chéngchóng　　横扫 héngsǎo　　名称 míngchēng

成名 chéngmíng　　衡量 héngliáng　　名词 míngcí

程序 chéngxù　　花瓶 huāpíng　　命令 mìnglìng

灯光 dēngguāng　　花生 huāshēng　　命题 mìngtí

地层 dìcéng　　辉煌 huīhuáng　　模型 móxíng

定律 dìnglǜ　　火坑 huǒkēng　　能量 néngliàng

东方 dōngfāng　　家庭 jiātíng　　旁听 pángtīng

返青 fǎnqīng　　家乡 jiāxiāng　　平行 píngxíng

放松 fàngsōng　　经费 jīngfèi　　平原 píngyuán

飞行 fēixíng　　竞赛 jìngsài　　评价 píngjià

沸腾 fèiténg　　境界 jìngjiè　　强度 qiángdù

丰盛 fēngshèng　　决定 juédìng　　青蛙 qīngwā

轻快 qīngkuài　　特征 tèzhēng　　英雄 yīngxióng

轻蔑 qīngmiè　　疼痛 téngtòng　　英勇 yīngyǒng

情操 qíngcāo　　调整 tiáozhěng　　营养 yíngyǎng

情怀 qínghuái　　铁青 tiěqīng　　应用 yìngyòng

情况 qíngkuàng　　听话 tīnghuà　　增多 zēngduō

请求 qǐngqiú　　挺拔 tǐngbá　　增高 zēnggāo

趋向 qūxiàng　　同情 tóngqíng　　增加 zēngjiā

确定 quèdìng　　透明 tòumíng　　增强 zēngqiáng

仍旧 réngjiù	外省 wàishěng	障碍 zhàng'ài
僧侣 sēnglǚ	旺盛 wàngshèng	照明 zhàomíng
上层 shàngcéng	卫生 wèishēng	蒸发 zhēngfā
上升 shàngshēng	未曾 wèicéng	整个 zhěnggè
生气 shēngqì	喜庆 xǐqìng	证明 zhèngmíng
声明 shēngmíng	下等 xiàděng	政党 zhèngdǎng
率领 shuàilǐng	象征 xiàngzhēng	症状 zhèngzhuàng
说明 shuōmíng	行走 xíngzǒu	总称 zǒngchēng
太平 tàipíng	野生 yěshēng	做梦 zuòmèng

3. -n、-ng 混读

盎然 àngrán	方案 fāng'àn	恐龙 kǒnglóng
傍晚 bàngwǎn	分成 fēnchéng	灵敏 língmǐn
变更 biàngēng	纷争 fēnzhēng	民政 mínzhèng
藏身 cángshēn	公民 gōngmín	明天 míngtiān
层面 céngmiàn	黄昏 huánghūn	宁肯 nìngkěn
沉重 chénzhòng	减轻 jiǎnqīng	农村 nóngcūn
诚恳 chéngkěn	景观 jǐngguan	拼命 pīnmìng
承担 chéngdān	捐赠 juānzèng	贫穷 pínqióng
奠定 diàndìng	军营 jūnyíng	平面 píngmiàn
冬天 dōngtiān	垦荒 kěnhuāng	平分 píngfēn
平均 píngjūn	生存 shēngcún	运行 yùnxíng
平民 píngmín	完成 wánchéng	赞成 zànchéng
签订 qiāndìng	完整 wánzhěng	增产 zēngchǎn
穷尽 qióngjìn	文明 wénmíng	增添 zēngtiān
穷困 qióngkùn	相关 xiāngguān	憎恨 zēnghèn

群众 qúnzhòng　　　　信用 xìnyòng　　　　战争 zhànzhēng

仍然 réngrán　　　　　兴奋 xīngfèn　　　　争论 zhēnglùn

山峰 shānfēng　　　　沿用 yányòng　　　　终身 zhōngshēn

伤员 shāngyuán　　　　阴阳 yīnyáng　　　　专程 zhuānchéng

4. i 类韵母

笔尖 bǐjiān　　　　　硫酸 liúsuān　　　　挖潜 wāqián

编纂 biānzuǎn　　　　缅怀 miǎnhuái　　　　外宾 wàibīn

电话 diànhuà　　　　面前 miànqián　　　　文献 wénxiàn

恩情 ēnqíng　　　　　民间 mínjiān　　　　席卷 xíjuǎn

继续 jìxù　　　　　　谬论 miùlùn　　　　　戏曲 xìqǔ

家眷 jiājuàn　　　　　谬误 miùwù　　　　　细菌 xìjūn

坚决 jiānjué　　　　　难免 nánmiǎn　　　　辖区 xiáqū

健全 jiànquán　　　　牛犊 niúdú　　　　　下面 xiàmiàn

将军 jiāngjūn　　　　牛顿 niúdùn　　　　　下去 xiàqù

讲学 jiǎngxué　　　　叛变 pànbiàn　　　　夏天 xiàtiān

胶片 jiāopiàn　　　　疲倦 píjuàn　　　　　纤维 xiānwéi

教训 jiàoxùn　　　　　偏见 piānjiàn　　　　舷窗 xiánchuāng

接洽 jiēqià　　　　　飘忽 piāohū　　　　　现存 xiàncún

节约 jiéyuē　　　　　票据 piàojù　　　　　线圈 xiànquān

解脱 jiětuō　　　　　天空 tiānkōng　　　　乡村 xiāngcūn

就算 jiùsuàn　　　　　天下 tiānxià　　　　　效果 xiàoguǒ

连绵 liánmián　　　　条约 tiáoyuē　　　　汹涌 xiōngyǒng

连续 liánxù　　　　　铁锹 tiěxiān　　　　　研究 yánjiū

眼前 yǎnqián　　　　医学 yīxué　　　　　医院 yīyuàn

油田 yóutián　　　　　正面 zhèngmiàn　　　支援 zhīyuán

5. u 类韵母

纯粹 chúncuì	刻苦 kèkǔ	探索 tànsuǒ
篡夺 cuànduó	进化 jìnghuà	逃窜 táocuàn
脆弱 cuìruò	宽阔 kuānkuò	湍流 tuānliú
村庄 cūnzhuāng	亏损 kuīsǔn	团队 tuánduì
存活 cúnhuó	论文 lùnwén	推测 tuīcè
单纯 dānchún	麻醉 mázuì	推广 tuīguǎng
断层 duàncéng	矛盾 máodùn	颓丧 tuísàng
对象 duìxiàng	纳粹 nàcuì	退化 tuìhuà
飞船 fēichuán	破坏 pòhuài	外国 wàiguó
概括 gàikuò	奇怪 qíguài	午睡 wǔshuì
共存 gòngcún	收缩 shōusuō	王国 wángguó
核算 hésuàn	衰落 shuāiluò	微弱 wēiruò
画面 huàmiàn	衰弱 shuāiruò	尾随 wěisuí
换算 huànsuàn	搜罗 sōuluó	未遂 wèisuì
荒谬 huāngmiù	搜索 sōusuǒ	周岁 zhōusuì
回归 huíguī	算账 suànzhàng	抓获 zhuāhuò
绘画 huìhuà	虽说 suīshuō	转变 zhuǎnbiàn
镜头 jìngtóu	随便 suíbiàn	追随 zhuīsuí
乌云 wūyún	随后 suíhòu	最终 zuìzhōng
捐税 juānshuì	损坏 sǔnhuài	尊重 zūnzhòng
觉悟 júwù	缩短 suōduǎn	遵循 zūnxún
开拓 kāituò	琐碎 suǒsuì	

6. ü 类韵母

安全 ānquán	谋略 móulüè	迅速 xùnsù

粗略 cūlüè	募捐 mùjuān	厌倦 yànjuàn
大学 dàxué	培训 péixùn	音乐 yīnyuè
大约 dàyuē	区别 qūbié	有趣 yǒuqù
飞跃 fēiyuè	通讯 tōngxùn	弯曲 wānqū
红军 hóngjūn	同学 tóngxué	原理 yuánlǐ
画卷 huàjuàn	完全 wánquán	原因 yuányīn
局面 júmiàn	文学 wénxué	原则 yuánzé
拒绝 jùjué	问卷 wènjuàn	缘故 yuángù
捐款 juānkuǎn	需求 xūqiú	愿望 yuànwàng
决心 juéxīn	需要 xūyào	愿意 yuànyì
决议 juéyì	宣布 xuānbù	月份 yuèfèn
绝对 juéduì	宣传 xuānchuán	月球 yuèqiú
觉悟 juéwù	旋律 xuánlǜ	云端 yúnduān
军队 jūnduì	旋转 xuánzhuǎn	运动 yùndòng
军粮 jūnliáng	选拔 xuǎnbá	造句 zàojù
均匀 jūnyún	学科 xuékē	正确 zhèngquè
绿化 lǜhuà	学校 xuéxiào	政权 zhèngquán
明确 míngquè	寻求 xúnqiú	中学 zhōngxué
命运 mìngyùn	循环 xúnhuán	中旬 zhōngxún

附录一

普通话 en、eng 韵母常用字表

en

bēn	奔（奔走；投奔 bèn）
běn	本苯

bèn   奔笨

chēn   抻

chén   臣尘辰沉陈晨忱

chèn   衬称（称心；职称 chēng）趁

ēn   恩

fěn   粉

fèn   分份奋粪愤忿

gēn   根跟

hén   痕

hěn   很狠

hèn   恨

kěn   肯垦恳啃

nèn   嫩恁

pēn   喷（喷泉；喷 pèn 香）

pén   盆

pèn   喷

rén   人仁任（姓任；任 rèn 务）

rěn   忍

rèn   刃认任纫韧妊

sēn   森

shēn   申伸身参深呻绅娠砷

shén   什（什么；什 shí 锦）神

shěn   沈（姓沈；读 chén 同"沉"）审婶

shèn   肾甚渗慎蜃

wēn   温瘟

wén   文纹闻蚊

wěn	稳吻紊
wèn	问
zěn	怎
zhēn	贞针侦珍真斟榛臻
zhěn	诊枕疹
zhèn	阵振震镇

eng

bēng	崩绷（绷带；绷 běng 脸；绷 bèng 开）
běng	绷
bèng	蹦泵蚌绷迸
céng	层曾（曾经；姓曾 zēng）
cèng	蹭
chēng	称撑
chéng	成呈诚承城乘（乘车；千乘 shèng 之国）盛程惩澄（澄清事实；把水澄 dèng 清）橙
chěng	逞（逞能）
chèng	秤
dēng	灯登蹬
děng	等
dèng	凳邓澄瞪蹬
fēng	丰风封疯峰锋蜂枫
féng	逢缝冯（姓冯；读 píng 时同"凭"）
fěng	讽
fèng	凤奉缝（缝隙；缝 féng 纫）
gēng	更耕羹庚

gèng 更（更加；三更 gēng 半夜）

gěng 颈埂耿梗

hēng 哼

héng 恒横（横竖；蛮横 hèng）衡

hèng 横

kēng 坑吭

léng 棱楞

lěng 冷

néng 能

pēng 砰烹

péng 棚硼蓬篷

pěng 捧

pèng 碰

rēng 扔

réng 仍

sēng 僧

shēng 升生声牲笙甥

shéng 绳

shěng 省（省略；反省 xǐng）

shèng 圣胜乘盛（昌盛；盛 chéng 饭）剩

téng 疼腾誊藤滕

wēng 翁嗡

wèng 瓮

zēng 曾（曾祖；曾 céng 经）增憎

zèng 赠

zhēng 正（正月；正 zhèng 面）争征挣症（症结；症 zhèng 状）

　　　　睁筝蒸怔狰

zhěng　整拯

zhèng　正证郑政挣（挣钱；挣 zhēng 扎）症

附录二

普通话 ong 韵母常用字表

chōng　充冲（冲刷；冲 chòng 床）舂憧

chóng　虫种（姓；种 zhǒng 子；种 zhòng 地）重崇

chǒng　宠

chòng　冲（冲劲儿；冲 chōng 锋）

cōng　匆葱聪囱

cóng　从丛淙

dōng　东冬

dǒng　董懂

dòng　动冻栋洞

gōng　工弓公功攻供宫恭躬蚣龚

gǒng　巩汞拱

gòng　共贡供（供认；供 gōng 给）

hōng　轰哄（哄动；哄 hǒng 骗；起哄 hòng）烘訇

hóng　红（红色；女红 gōng）宏虹（彩虹；出虹 jiàng 了）洪鸿

hǒng　哄

hòng　哄讧

jiǒng　窘炯

kōng　空（天空；空 kòng 白）

kǒng　孔恐

kòng　　空控

lōng　　隆

lóng　　龙聋笼咙胧窿

lǒng　　拢垄笼（笼罩；笼 lóng 子）陇

lòng　　弄（弄堂；弄 nòng 开）

nóng　　农浓脓

nòng　　弄（玩弄；弄 lòng 堂）

qióng　穷琼穹

róng　　荣绒容熔融茸蓉溶榕

rǒng　　冗

sōng　　松

sǒng　　耸

sòng　　宋送诵颂讼

tōng　　通（通过；说了一通 tòng）

tóng　　同（同样；胡同 tòng）桐铜童彤瞳佟

tǒng　　统桶筒捅

tòng　　同通痛

xiōng　凶兄胸匈汹

xióng　雄熊

yōng　　佣（佣工；佣 yòng 金）拥庸壅

yǒng　　永咏泳勇涌蛹踊

yòng　　用佣

zhōng　中（中心；中 zhòng 标）忠终盅钟

zhǒng　肿种（种子；种 zhòng 地）冢

zhòng　中众种重（重量）仲

zōng　　宗棕踪综鬃

zǒng   总

zòng   纵

附录三

普通话 in 和 ing 韵母常用字表

in

bīn   宾滨彬缤濒

bìn   鬓

jīn   巾斤今金津筋禁襟

jǐn   仅尽（尽管；尽 jìn 力）紧锦谨

jìn   尽进近劲（劲头；劲 jìng 敌）晋禁（禁止；不禁 jīn）浸靳

lín   邻林临淋（淋浴；淋 lìn 病）琳磷鳞霖

līn   拎

lǐn   凛檩

lìn   淋吝赁蔺

mín   民

mǐn   敏皿闽悯抿

pīn   拼

pín   贫频

pǐn   品

pìn   聘

qīn   侵亲（亲属；亲 qìng 家）钦

qín   芹琴禽勤秦擒噙

qǐn   寝

qìn   沁

xīn　心辛欣新薪芯（灯芯；芯 xìn 子）锌馨

xìn　信芯衅

yīn　因阴音姻茵殷

yín　银吟淫寅

yǐn　引饮（饮食；饮 yìn 马）蚓瘾尹隐

yìn　印饮

ing

bīng　冰兵

bǐng　丙柄饼秉屏（屏除；屏 píng 障）禀

bìng　并（合并；读 bīng 时是山西太原别称）病

dīng　丁叮盯钉（钉子；钉 dìng 扣子）

dǐng　顶鼎

dìng　订钉定锭

jīng　茎京经惊晶睛精荆兢鲸粳

jǐng　井颈（头颈；脖颈 gěng 儿）景警阱

jìng　劲径净经竟竞敬静境镜靖

líng　伶灵铃陵零龄玲凌菱蛉翎棱（穆棱；棱 léng 角）绫

lǐng　岭领

lìng　另令（命令；姓令 líng；一令 lǐng 纸）

míng　名明鸣铭螟茗

mìng　命

pīng　乒

píng　平评苹凭瓶萍冯坪屏（屏风；屏 bǐng 除）

qīng　青轻倾清蜻氢卿

qíng　情晴擎

- 112 -

qǐng	顷请
qìng	庆亲磬
tíng	亭庭停蜓廷
tǐng	挺艇
xīng	兴（兴旺；兴 xìng 趣）星腥猩
xíng	刑行（步行；行 háng 列）形型邢
xǐng	省醒
xìng	兴杏幸性姓
yīng	应（应该；应 yìng 用）英樱鹰莺婴缨鹦膺
yíng	迎盈营蝇赢荧莹萤
yǐng	影颖
yìng	应映硬

四、普通话的轻声、儿化与"啊"的变读

（一）普通话的轻声
1.轻声的定义和作用

汉语的每个音节一般都有固定的声调，但受相邻音节的影响，普通话词语中的有些音节会失去原有的声调，变成一种又短又轻的调子，这就是轻声。例如：

杯子　石头　我们　似的　豆腐　耳朵　眉毛　热闹

轻声是一种特殊的音变现象，书写时不标调号。轻声不能独立存在，必须伴有重读的音节。常见的轻声一般都出现在较为固定的词语中，即通常所说的"轻声词"，如上面所举的例词。话语中也有些轻声，通常没有比较固定的词语结构形式，这是"语流轻声"。例如：

……虽时时咒骂它，嫌弃它……（《丑石》）

……太阳的脸红起来了。(《春》)

……艺术家们的青春只会献给尊敬他们的人。(《可爱的小鸟》)

慈爱的水手们决定放开它……(《可爱的小鸟》)

……布鲁诺很不满意老板的不公正待遇。(《差别》)

……在许多方面发觉了日本的变化。(《莲花和樱花》)

轻声还有区别词义和词性的作用。如"挖地道(dào)"和"他这人不地道(dao)","贻笑大方(fāng)"和"她人很大方(fang)",词语中的轻声字和非轻声字导致词义、词性不同。语流轻声则可以体现普通话语音的节律及其变化。

2. 轻声的发音

轻声和音长关系最密切,发音短是轻声的主要特点;轻声和音强、音高也有密切关系。较之非轻声音节,轻声的音强明显较弱。轻声也有音高,但它的音高不固定,受前一个音节声调的影响而发生高低不同的变化。一般来说,轻声的调值在上声调后比较高,是一种短促的高平调,约为 <u>44</u> 值(调值加下划线表示短调)。如"眼睛 yǎnjing""口袋 kǒudai""喜欢 xǐhuan""暖和 nuǎnhuo"。这种短而平的调值,发音比较稳定。轻声在阴平、阳平、去声后调值较低,调长短促,调近 <u>31</u>。如"先生 xiānsheng""庄稼 zhuāngjia""孩子 háizi""麻烦 máfan""月亮 yuèliang"。

轻声在声母、韵母上也有体现。受前面音节的影响,轻声音节的声母、韵母或多或少会发生一些变化。常见的变化是不送气的清塞音、清塞擦音的浊音化,如清声母 b/p/、d/t/、g/k/ 变成相应的浊音声母 /b/、/d/、/g/。如"我的""哥哥"。韵母的变化更加明显,常见的是高元音(i、u、ü)、低元音(ɑ)韵腹向央元音 /ə/ 靠拢,韵母辨别度变低,听感上变得比较模糊。如"豆腐""衣服""棉花""头发"。

3. 轻声词的辨别

普通话的轻声是西南官话区学习者的难点。除了有形式标记的，如以"的、子、们"等结尾的，如"我的、他的、椅子、棍子、我们、它们"；再如叠音词，如"妈妈、爷爷、谢谢"，其他无明显标记的较难判断，例如"膏药、故事、骨头、部分、合同、甘蔗、明白、时候、特务"。学习者可先从轻声词的形式标记入手，确定一部分轻声词，再记住常用轻声词里无明显形式标记的。

下述类别的词语在普通话中通常读轻声。

（1）结构助词和语气词。

你的 de　　慢慢地 de　　　看得 de 见　　　盼望着 zhe

他笑了 le　　不一定吧 ba　　不够吗 ma

（2）构成名词的虚词素"子""头"和表示多数的"们"。

麦子 zi　　　石头 tou　　　人们 men　　　他们 men

（3）叠音词和重叠动词的第二个音节。

妈妈 ma　　弟弟 di　　　看看 kan　　　想想 xiang

（4）动词、形容词后表趋向的词，如"来""去""起来""过去"等。

进来 lai　　看上去 shangqu　哭起来 qilai　　走过去 guoqu

（5）名词、代词后面的方位词，如"上""下""里"等。

牛背上 shang　小路上 shang　烈日下 xia　乡下 xia　园子里 li

（6）习惯上读作轻声的一些双音节词。

阴平—轻声：

姑娘 gūniang　　　风筝 fēngzheng　　　窗户 chuānghu

收成 shōucheng　　灯笼 dēnglong　　　家伙 jiāhuo

消息 xiāoxi　　　　苍蝇 cāngying　　　清楚 qingchu

东西 dōngxi　　　　玻璃 bōli　　　　　胳膊 gēbo

阳平—轻声：

时候 shíhou	朋友 péngyou	咳嗽 késou
便宜 piányi	明白 míngbai	萝卜 luóbo
篱笆 líba	合同 hétong	石榴 shíliu

上声—轻声：

本事 běnshi	耳朵 ěrduo	脑袋 nǎodai
脊梁 jǐliang	倒腾 dǎoteng	指甲 zhǐjia
主意 zhǔyi	爽快 shuǎngkuai	暖和 nuǎnhuo

去声—轻声：

地方 dìfang	日子 rìzi	那么 nàme
豆腐 dòufu	在乎 zàihu	力气 lìqi
热闹 rènao	似的 shìde	畜生 chùsheng

《普通话水平测试实施纲要》中有"普通话水平测试用必读轻声词语表"。西南官话区学习者可参考该书确定普通话的必读轻声词，特别是无形式标记的必读轻声词。

（二）普通话与西南官话的儿化

1. 儿化的定义及发音规则

在普通话口语中，"儿"可与其前面的韵母结合成一个音节，使这个韵母变为卷舌韵母，这种现象叫作儿化。儿化后的韵母叫作儿化韵母或儿化韵。

普通话儿化的特点如下：

（1）有些儿化有区别词义、词性的作用。如"他是我们的头儿（领导）"和"肩膀上顶一个头（脑袋）"，两句中的"头儿"和"头"词义不同；而"瓶盖儿找到了"和"快盖上"中的"盖儿"和"盖"词性不同，一个是名词，一个是动词。

（2）有些儿化词有一定的感情色彩，如表示可爱等。如"娇巧的小嘴儿"。

（3）从发音习惯看，有些儿化体现了普通话的口语特点。如"有一个塌鼻子的小男孩儿"。

西南官话区的武汉、贵阳、昆明和桂林没有儿化，成都和重庆有儿化韵，儿化的功能和普通话一致。但因韵母系统的差异，变读规则的不同，儿化语音的实现也有一定的差异。以成都话为例，其儿化韵共有 4 类：

①a、o、ê、-i（前）、ai、ei、ao、ou、an、en、ang 韵母后，儿化韵为 r。

②i、ia、ie、iao、iou、ian、in、iang 韵母后，儿化韵为 ir。

③u、ua、uai、uei、uan、uen、uang、ong、uê 韵母后，儿化韵为 ur。

④ü、üe、üan、ün、iong、üo 韵母后，儿化韵为 ür。

普通话的韵母在儿化之后，因受卷舌动作的影响，会发生一定的音变，er 与前面的韵母融合成一个音节，失去独立性。卷舌动作转化到韵母上，韵母本身也会发生一定的变化。韵母儿化的程度则与韵腹有密切的关系。

普通话儿化主要发音规则：

（1）a、ai、an、ia、ian、ua、uai、uan、üan 韵母，儿化后读作 ar、iar、uar、üar。如：

板擦儿 bǎncār	豆芽儿 dòuyár	小孩儿 xiǎoháir
一块儿 yíkuàir	小辫儿 xiǎobiànr	好玩儿 hǎowánr
蒜瓣儿 suànbànr	牙刷儿 yáshuār	杂院儿 záyuànr

（2）e、-i（前）、-i（后）、ci、cn、ie、üe、uei、uen 韵母，儿化后读作 er、ier、üer、uer。如：

这儿 zhèr/zhàr　　　嗓门儿 sǎngménr　　　主角儿 zhǔjuér

石子儿 shízǐr　　　　纳闷儿 nàmènr　　　　一会儿 yíhuìr

锯齿儿 jùchǐr　　　　树叶儿 shùyèr　　　　打盹儿 dǎdǔnr

刀背儿 dāobèir　　　小鞋儿 xiǎoxiér　　　冰棍儿 bīnggùnr

（3）u、ou、iou 韵母，儿化后读作 ur、our、iour。如：

媳妇儿 xífur　　　　碎步儿 suìbùr　　　　泪珠儿 lèizhūr

门口儿 ménkǒur　　　抓阄儿 zhuājiūr　　　棉球儿 miánqiúr

（4）o、uo、ao、iao 韵母，儿化后读作 or、uor、aor、iaor。如：

粉末儿 fěnmòr　　　　小说儿 xiǎoshuōr　　　大伙儿 dàhuǒr

叫好儿 jiàohǎor　　　跑调儿 pǎodiàor　　　火苗儿 huǒmiáor

（5）i、in、ü、ün 韵母，儿化后读作 i:er、ü:er。如：

垫底儿 diàndǐr　　　　毛驴儿 máolǘr　　　　合群儿 héqúnr

（6）ang 韵母，儿化后读作鼻化的 ar。如：

赶趟儿 gǎntàngr　　　鼻梁儿 bíliángr　　　打晃儿 dǎhuàngr

（7）eng 韵母，儿化后读作鼻化的 er。如：

脖颈儿 bógěngr　　　　夹缝儿 jiāfèngr　　　小瓮儿 xiǎowèngr

（8）ong 韵母，儿化后读作鼻化 or。如：

酒盅儿 jiǔzhōngr　　　小葱儿 xiǎocōngr　　　小熊儿 xiǎoxióngr

（9）ing 韵母，儿化后读作鼻化 i:er。如：

花瓶儿 huāpíngr　　　眼镜儿 yǎnjìngr　　　人影儿 rényǐngr

2.普通话儿化的判断和运用

普通话词语和语流中哪些需要儿化，对西南官话方言区人群，特别是没有儿化音的方言区人群来说是个难题。儿化判读如下：

（1）在书面作品中，有些词语有儿化标记"儿"，如"雪球儿""我不应该发那么大的火儿""在人们头顶盘旋了几圈儿"等，这样的词可直接按儿化规则读出。

（2）在书面作品中或在说话时，有些词语并没有儿化的标记，但也必须读成儿化韵（参见上文"儿化的定义及发音规则"）。大体分为两种情况。

第一，从情感表达看，如"小鸟""小嘴"等，读作儿化韵，能较好地体现出喜爱的感情色彩。

第二，从普通话发音习惯和口语的表达效果看，有些词语不读儿化，就会显得不够自然和较为生硬。如"小鸟""儿圈""小孩""心眼""有点""差点""一丁点""聊天""小家伙"等。

普通话中的儿化是一种较普遍的语音现象，也是普通话语音的重要特色之一。读准儿化音，尤其是在口语中恰到好处地运用儿化音，有助于词语感情色彩的表达，也有助于增强普通话的口语色彩。但对于北方方言区的人来说，儿化音也不可滥用，如把"您是哪国人？""济南真算个宝地！"读作"哪国人儿""宝地儿"，反而显得不够严肃；而对于南方方言区的人来说，"小鸟""扁脚""小家伙"没有读作儿化，至少是普通话的口语色彩比较欠缺。

3. 儿化词语正音训练

（1）a、ai、an、ia、ian、ua、uai、uan、üan 韵母，儿化后读作ar、iar、uar、üar。如：

刀把儿 dāobàr	在哪儿 zàinǎr	鞋带儿 xiédàir
戏法儿 xìfǎr	打杂儿 dǎzár	小孩儿 xiǎoháir
找茬儿 zhǎochár	名牌儿 míngpáir	快板儿 kuàibǎnr
板擦儿 bǎncār	壶盖儿 húgàir	蒜瓣儿 suànbànr
号码儿 hàomǎr	加塞儿 jiāsāir	脸蛋儿 liǎndànr
栅栏儿 zhàlanr	牙签儿 yáqiānr	火罐儿 huǒguànr

笔杆儿 bǐgǎnr	心眼儿 xīnyǎnr	打转儿 dǎzhuànr
老伴儿 lǎobànr	照片儿 zhàopiànr	好玩儿 hǎowánr
脸盘儿 liǎnpánr	差点儿 chàdiǎnr	饭馆儿 fànguǎnr
收摊儿 shōutānr	雨点儿 yǔdiǎnr	落款儿 luòkuǎnr
包干儿 bāogānr	拉链儿 lāliànr	拐弯儿 guǎiwānr
门槛儿 ménkǎnr	坎肩儿 kǎnjiānr	大腕儿 dàwànr
掉价儿 diàojiàr	露馅儿 lòuxiànr	烟卷儿 yānjuǎnr
豆芽儿 dòuyár	脑瓜儿 nǎoguār	出圈儿 chūquānr
一下儿 yīxiàr	麻花儿 máhuār	人缘儿 rényuánr
小辫儿 xiǎobiànr	牙刷儿 yáshuār	杂院儿 záyuànr
扇面儿 shànmiànr	大褂儿 dàguàr	手绢儿 shǒujuànr
一点儿 yīdiǎnr	笑话儿 xiàohuar	包圆儿 bāoyuánr
聊天儿 liáotiānr	一块儿 yīkuàir	绕远儿 ràoyuǎnr
冒尖儿 màojiānr	茶馆儿 cháguǎnr	

（2）e、-i（前）、-i（后）、ei、en、ie、üe、uei、uen 韵母，儿化后读作 er、ier、üer、uer。如：

模特儿 mótèr	石子儿 shízǐr	哥们儿 gēmenr
唱歌儿 chànggēr	挑刺儿 tiāocìr	后根儿 hòugēnr
打嗝儿 dǎgér	墨汁儿 mòzhīr	别针儿 biézhēnr
在这儿 zàizhèr	记事儿 jìshìr	走神儿 zǒushénr
逗乐儿 dòulèr	锯齿儿 jùchǐr	小人儿 xiǎorénr
挨个儿 āigèr	刀背儿 dāobèir	刀刃儿 dāorènr
饭盒儿 fànhér	走味儿 zǒuwèir	花盆儿 huāpénr
瓜子儿 guāzǐr	老本儿 lǎoběnr	把门儿 bǎménr
没词儿 méicír	嗓门儿 sǎngménr	纳闷儿 nàmènr
高跟儿鞋 gāogēnrxié	主角儿 zhǔjuér	打盹儿 dǎdǔnr

一阵儿 yīzhènr　　跑腿儿 pǎotuǐr　　砂轮儿 shālúnr
大婶儿 dàshěnr　　耳垂儿 érchuír　　没准儿 méizhǔnr
杏仁儿 xìngrénr　　围嘴儿 wéizuǐr　　胖墩儿 pàngdūnr
半截儿 bànjiér　　一会儿 yīhuìr　　冰棍儿 bīnggùnr
小鞋儿 xiǎoxiér　　墨水儿 mòshuǐr　　开春儿 kāichūnr
旦角儿 dànjuér　　摸黑儿 mōhēir

（3）u、ou、iou 韵母，儿化后读作 ur、our、iour。如：

碎步儿 suìbùr　　衣兜儿 yīdōur　　纽扣儿 niǔkòur
儿媳妇儿 érxífur　　年头儿 niántóur　　小丑儿 xiǎochǒur
泪珠儿 lèizhūr　　门口儿 ménkǒur　　顶牛儿 dǐngniúr
没谱儿 méipǔr　　线轴儿 xiànzhóur　　棉球儿 miánqiúr
梨核儿 líhúr　　老头儿 lǎotóur　　抓阄儿 zhuājiūr
有数儿 yǒushùr　　小偷儿 xiǎotōur　　加油儿 jiāyóur

（4）o、uo、ao、iao 韵母，儿化后读作 or、uor、aor、iaor。如：

耳膜儿 érmór　　红包儿 hóngbāor　　绝招儿 juézhāor
粉末儿 fěnmòr　　半道儿 bàndàor　　蜜枣儿 mìzǎor
火锅儿 huǒguōr　　跳高儿 tiàogāor　　鱼漂儿 yúpiāor
大伙儿 dàhuǒr　　口罩儿 kǒuzhàor　　跑调儿 pǎodiàor
小说儿 xiǎoshuōr　　口哨儿 kǒushàor　　豆角儿 dòujiǎor
做活儿 zuòhuór　　灯泡儿 dēngpàor　　火苗儿 huǒmiáor
邮戳儿 yóuchuōr　　手套儿 shǒutàor　　面条儿 miàntiáor
被窝儿 bèiwōr　　叫好儿 jiàohǎor　　开窍儿 kāiqiàor

（5）i、in、ü、ün 韵母，儿化后读作 i:er、ü:er。如：

针鼻儿 zhēnbír　　有劲儿 yǒujìnr　　痰盂儿 tányúr
肚脐儿 dùqír　　脚印儿 jiǎoyìnr　　小曲儿 xiǎoqǔr
垫底儿 diàndǐr　　送信儿 sòngxìnr　　合群儿 héqúnr

玩意儿 wányìr　　　　毛驴儿 máolúr

（6）ang 韵母，儿化后读作鼻化的 ar。如：

药方儿 yàofāngr　　鼻梁儿 bíliángr　　天窗儿 tiānchuāngr

赶趟儿 gǎntàngr　　花样儿 huāyàngr　　打晃儿 dǎhuàngr

香肠儿 xiāngchángr　　透亮儿 tòuliàngr

瓜瓤儿 guārángr　　蛋黄儿 dànhuángr

（7）eng 韵母，儿化后读作鼻化 er。如：

钢镚儿 gāngbèngr　　夹缝儿 jiāfèngr　　小瓮儿 xiǎowèngr

脖颈儿 bógěngr　　提成儿 tíchéngr

（8）ong 韵母，儿化后读作鼻化 or。如：

果冻儿 guǒdòngr　　门洞儿 méndòngr　　小熊儿 xiǎoxióngr

胡同儿 hútòngr　　抽空儿 chōukòngr

酒盅儿 jiǔzhōngr　　小葱儿 xiǎocōngr

（9）ing 韵母，儿化后读作鼻化 i:er。如：

花瓶儿 huāpíngr　　火星儿 huǒxīngr　　蛋清儿 dànqīngr

图钉儿 túdīngr　　打鸣儿 dǎmíngr　　人影儿 rényǐngr

眼镜儿 yǎnjìngr　　门铃儿 ménlíngr

（三）语气词"啊"的变读

西南官话的语气词比较丰富，如"吧，嘛、喔、咧、吵、呐、啰、啊"，它们和普通话的语气词的使用也有较大差异，有显著的方言特色。要掌握标准的普通话，西南官话区群众要避免使用方言语气词。普通话语气词"啊"使用普遍，在不同的语音环境又有音变现象，须重点学习。

普通话词句末尾的语气词"啊"，常因受前一个音节末尾音素的影响而发生音变，一般读轻声。语气词"啊"的变读规则如下：

（1）在 a、o、e、i、ü 后，"a"读作 ia，汉字可写作"呀"。例如：

真破啊 zhēn pò ya（呀）

同学啊 tóngxué ya（呀）

天上的啊 tiānshang de ya（呀）

好大的雪呀 hǎo dà de xuě ya（呀）

（2）在 u、ao、ou 后，"a"读作 ua，可写作"哇"。例如：

好啊 hǎo wa（哇）　　　　　　跳啊 tiào wa（哇）

怪物啊 guàiwu wa（哇）　　　　别哭啊 biékū wa（哇）

（3）在 -n 后，"a"读作 na，可写作"哪"。例如：

快看啊 kuài kàn na（哪）　　　真难啊 zhēn nán na（哪）

亲人啊 qīn rén na（哪）　　　　好狠啊 hǎo hěn na（哪）

这般的鲜润啊 zhè bān de xiānrùn na（哪）

（4）在 -ng 后，"a"读作 nga。例如：

唱啊 chàng nga　　　　　　　妄想啊 wàngxiǎng nga

人和动物都是一样啊 rén hé dòngwù dōu shì yíyàng nga

（5）在 -i（前）后，"a"读作 za。例如：

深思啊 shēnsī za　　　　　　　写字啊 xiězì za

（6）在 -i（后）或 er 后，"a"读 ra。例如：

是啊 shì ra　　　　　　　　　无知啊 wúzhī ra

| 第三章 |
西南官话与普通话词汇的差异

　　作为方言词动词的"搞"，在西南官话中，使用比较普遍。如武汉、昆明话中"搞拐了"（糟糕）、"搞鬼"（暗中使坏），成都、重庆话中"搞不赢"（比不过）、"搞啥子名堂"（干什么）。贵阳话中"搞工作、搞关系"。西南官话关于"二"的词义、用法，一致性比较强。例如，武汉、昆明话的"二气、二里二气"，贵阳话的"二昏二昏、二冲二冲"，成都话的"二恍恍"等。"安逸"一词，在西南官话区中，都是多义词。"瘸、瘸子"，在西南官话区一般都读作"掰、掰子"。

　　"没得、冇得"作为否定词在西南官话区用得比较普遍，词义相当于普通话的"没有、没"。例如，"今天冇得雨/冇得话说"（武汉）；"屋头没得人/没得在农村住过"（贵阳）；"屋头没得人/厂头这个月还没得发钱"（成都）；"冇得人煮饭吃喽"（昆明）。

　　词义为"不要"的否定词"莫"在湖北、重庆、四川、贵州、云南等地的口语中都有出现。例如武汉话里"你莫瞎搞"，四川、昆明话里的"莫闹了"。西南官话各区的助词"倒、起"的用法比较一致。例如武汉话"不要躺倒看书/不要坐倒吃！"；贵阳话"照倒他做/好好听倒"；成都话"说倒说倒就哭起来了/那就等他饿起"。这里的

"倒、起",大体相当于普通话的"着"。

由于西南官话区人口众多,地域广阔,各地方言的词汇、语法虽然有一定的共性,但其差异也是明显的。关于"西南官话的内部词汇、语法的差异"问题,我们将在本章及第四章"西南官话与普通话语法的差异"这两章,结合西南官话各地方言词汇、语法的实例,进行阐述和说明。

普通话与西南官话词汇相比较,虽然有共性的一面,但两者的差异也比较明显。从学习的系统性上来说,词汇难以类推,学习起来比较困难;但从学习的方法来说,词汇比语音简单,只用记住一两个字就知道了某一概念的含义。例如,西南官话区普通话学习者,须知道"倒拐子、手拐拐"同于普通话的"胳膊肘"。

一、词汇比较

(一)普通话和西南官话的通用词

西南官话属于官话方言的范畴,西南官话各地的词汇,在普通话中也大量使用。这些通用词的特点是,词形、词义相同,词音有别。例如:

月亮	下雨	打雷	大堤	沙土	金子	城墙	节气
春天	过年	如今	收工	浇水	稻草	磨盘	黄豆
菠菜	栽树	荷花	牲口	猴子	房子	楼梯	红瓦
家具	碗柜	脸盆	女人	外地人	农民工	长辈	奶奶
老板	街坊	下巴	门牙	指甲	看病	发汗	盲肠炎
瞎子	杀菌	西装	外套	裤子	胶鞋	草帽	独眼龙
早饭	零食	板油	油条	烟灰	做媒	出嫁	孝子
钉扣子	浅红	吃饭	打官司	证人	收账	买卖	拍马屁

理发	开业	火车	高铁	学校	教室	放假	托儿所
认字	放鞭炮	打球	京剧	拍手	捆起来	低头	流眼泪
知道	忘记	说	吵架	里边	角落	我	你
他	深红	颠三倒四					

（二）词形的差异

1. 同义、部分同形

西南官话词语与普通话词语的词义相同，词形不完全相同。下面是普通话和武汉话比对的例子。

天气/天道	别人/别个	脑袋/脑壳	声音/声气
面粉/灰面	上头/高头	挠痒/抠痒	男孩/男伢
女孩/女伢	伸手/摛手	瘸子/跛子	男人/男将
女人/女将	江米/糯米	泔水/潲水	图钉/巴钉
刷牙/洗口	少白头/少年白	说梦话/发梦天	趴着睡/扑倒睡
糊涂账/黄昏账	江米甜酒/洑汁酒		
天花板/望板	出洋相/出挺		

2. 同义异形

西南官话词语与普通话词语的词义相同，词形不完全相同。下面是普通话和武汉话比对的例子。

姥姥/家家	大哥/拐子	坏/拐	傻/苕
傻瓜/苕货	小偷/强盗	傍晚/煞黑	龋齿/虫牙
谁/哪个	毒药/痨药	什么/莫斯	搂抱/箍
蟑螂/偷油婆	口渴/口干	乳房/妈子	可怜/遭业
蹲/拽	蚕豆/豌豆	肘关节/倒拐子	刘海儿/搭毛
口水/涎水	中暑/发痧	盲肠炎/绞肠痧	踝骨/螺丝骨

肘关节 / 倒拐子　　　　　没有 / 冇（得）

不服气 / 不服周　　　　　占便宜 / 占魉头（占相因）

3. 词序不同

西南官话词语与普通话词语的词义相同，但词语的顺序不同。下面是普通话和武汉话比对的例子。

公鸡 / 鸡公　　　　母鸡 / 鸡母　　　　夜宵 / 宵夜

情面 / 面情　　　　姓名 / 名姓　　　　勉强 / 强勉

4. 词缀差异

普通话不带子缀，武汉话多用子缀的。例如：

腿 / 腿子　　大腿 / 大胯子　　羊 / 羊子　　　　鸡 / 鸡子

猪 / 猪子　　猫 / 猫子　　手巾 / 手袱子　　枕巾 / 枕头袱子

烟 / 烟子　　粉末 / 粉子　　木耳 / 耳子　　　手套 / 手笼子

普通话使用儿缀，武汉话不使用词缀，或使用子缀的。例如：

冰棍儿 / 冰棒　　　　围嘴儿 / 涎兜　　　　枣儿 / 枣子

网兜儿 / 网子　　　　裤衩儿 / 短裤

（三）词义的比较

1. 词义扩大、缩小

西南官话词语的义项可能和普通话的不同。同形词语，方言词义可能比普通话的范围小，也可能大。例如普通话的"蚊子"和"苍蝇"，西南官话有的不分，都叫"蚊虫"；有的只有"蚊子"，没有"苍蝇"，而把"苍蝇"说成"饭蚊子"。此处列举武汉话中词义扩大的例子，帮助学习者注意到这种现象。

安逸：普通话主要是指舒适；武汉话还有平静、安静的意思。

不好：普通话中是"好"的反义词，指糟的、差的；武汉话还可以指生病，例如"他今天不好（病了）"。

夹生：普通话指半生不熟的食物；武汉话还可以指人软硬不吃、不通情理。

夹生饭：普通话指半生不熟的饭；武汉话还可以指事情进退两难。例如"事情做成了夹生饭"。

熄火：普通话指熄灭，或机器停止运转；武汉话还有生命停止的意思。

2. 词义转移

家业：普通话指家产；武汉话指器具。

面：普通话指面粉；武汉话指面条。

开荤：普通话指"破除戒律，开始吃肉食"；武汉话指"初次尝试"。

屋里：普通话指房间；武汉话指家。

（四）方言特有词汇

西南官话各地方言中有一些反映本地事物的特有词汇，对外地人来说比较特别，普通话中一般没有对应的词汇。例如武汉话中的下列词汇：

冻子：一般指鱼经过蒸、煮、煎后，冷却的汤汁；人拉痢疾时出现透明的凝固体也叫冻子。

过溜：一个一个按顺序检查。

耸肩膀：指人脖子下缩、两肩向上的长相。

贱三爷：指行为超出常规的人。如"放着处长不当，非要下海当老板，真是个贱三爷"。

狗头狗脑：形容小孩儿长得结实，身体健康。如"孙伢子长得狗头狗脑"。

走油：指腊肉放到第二年的四五月份，有些变质、出水；也指人的头皮上油很重。

送祝米：指出嫁的姑娘生孩子，娘家人送蛋、米等表示祝贺。

翘盘子：故意提出苛刻的条件，或之前不提要求的，现在却提出苛刻的条件。

阴米：把泡过的糯米蒸熟、阴干以备用。

包面：一种类似馄饨的面食，但包面是清汤的。

糍粑鱼：把杀好的鱼，拌上细米粉、盐、碎辣椒、花椒等，暴晒后煎食。

二、词汇应用中应注意的问题

1.努力学习普通话词汇

西南官话区群众想说好普通话，须学习普通话词汇。方法有：听中央人民广播电台的普通话广播；查阅并借助《现代汉语词典》进行广泛的阅读；和讲普通话的人多交谈；参加普通话培训等。以此达到以下目的。

（1）掌握普通话词汇系统，特别是普通话的基本词汇和常用词汇，然后扩大到普通话的一般词汇。

（2）明确哪些是普通话词汇，哪些是方言词汇，进而能够熟练使用普通话词汇，避免使用方言词汇。

2.同形同义异音词的使用

西南官话和普通话中有大量的通用词汇，如上文列举的武汉话、普通话通用词汇。对于这些通用词汇，一般来说，只要把方言的声韵调改成普通话的声韵调，也就成了普通话词汇了。有些通用词汇的方言语音类别在方言区有"固化"现象，例如武汉人说普通话"业绩""成绩"，入声字"绩"发音可能没问题，但到了"绩效""鲫鱼"，入声字就出问题了——读作阳平。这类方言词发音一般较稳定，学习者难以意识到和普通话的区别。学习者要注意这类问题，并通过加强常用单字语音学习和多听普通话广播等方式解决这个难题。

3. 词汇差异应注意的问题

对于普通话中有而方言中没有的词汇，方言区学习者应积极主动地多学习和多使用普通话词汇。如果是普通话中没有而方言中有的词汇，也必须学会用其他的普通话词汇表述。

4. 方言词汇套用普通话声调的问题

西南官话区各方言中，都会有少量的方言词汇，这些词汇与当地人民的生活密切相关，无法回避。如武汉话的"宽粉，细粉，圆粉，糍粑鱼，走油，阴米，送祝米"等，要用普通话表达，也只能借助普通话的声韵调。实际上说普通话的武汉人也是这么处理的，但须注意，出了武汉，这些词语是无法通行的。

附录

普通话与西南官话常用词汇对照表

西南官话常见词主要来自我们的田野调查，部分也参考了方言字典等书面材料。为帮助读者注意到西南官话和普通话之间的语音差异，下表中西南官话词汇发音与普通话有明显的区别或字词不确定的情况，我们用普通话近音字、汉语拼音、国际音标等表示方言词语的读音。方括号里是这六地同省区其他地方的说法。

普通话	武汉话	成都 / 重庆话	贵阳话	昆明话	桂林话
太阳	日头	太阳	太阳	太阳［热头］	日头
月亮	月亮	月亮	月亮	月亮	月亮
闪电	闪电	闪电 / 火闪［扯闪］	扯闪	扯闪 / 火闪	扯闪 / 打闪
彩虹	虹 / 彩虹	虹	虹 / 彩虹	虹 gang/ 彩虹	彩虹
扫帚星	扫把星	扫把星［笤把星］	扫把星	扫把星	扫把星
月食	天狗吃月亮	天狗吃月 / 月食	天狗吃月亮	天狗吃月亮	狗吞月
下雾	下雾 / 下罩子	下雾［起雾，起雾罩］	下雾 / 起雾 / 起雾罩	下雾罩［起雾］	起雾 / 下雾
天旱	天干	天干	天干	天干	天干了 / 天旱
冰雹	冰雹 / 冰坨子	冰雹	冰雹	雪雹子［雪果果］	冰雹
晴天	天晴	晴天［太阳天，出太阳］	晴天	晴天	晴天
阴天	阴天 / 天阴了	阴天	阴天	天阴了	阴天
夜里	晚上 / 半夜	半夜［大晚上，天黑了］	半夜	夜首［晚星］	夜里头
大清早	大清早 / 清时八早	清早八晨	清晨老早 / 清早八晨	大清八早［大早星］	清晨八早
傍晚	挨黑 / 煞黑	擦黑	擦黑 he	挨黑 / 擦黑［挨晚］	煞黑（刷黑）
白天	日里 / 白天	白天	白天家	白日	白里头
晚上	晚上	晚上	晚上 / 晚些，下晚	晚上［晚星］	夜里头
大后天	大后日 / 外后日	大后天［外天］	外天 / 大后天	大后日［后日天］	大后天
大前天	向前日 / 向前天	大前天 / 上前天	上前天	大前日	大前天
整天	一天到黑	梗天 / 一天到黑	梗天	成天［一天到晚］	天天

普通话	武汉话	成都/重庆话	贵阳话	昆明话	桂林话
刚才	才将/将才	将将〔将才〕	才刚/将将	才将〔那哈，将将〕	刚刚
除夕	大年三十	大年三十〔三十夜〕		年三十晚	大年夜/除夕
一天到晚	一天到黑	一天到黑		一天到晚	一天到夜/一天到晚
元宵节	正月十五	正月十五〔过大年〕		元宵节	元宵
祖父/爷爷	爹爹	祖父〔祖爷爷，爷爷，公〕	太爷，爷爷	老爹〔伯伯〕	阿公
祖母/奶奶		爷〔祖婆婆，婆婆，婆〕	太太，奶奶	奶〔奶奶〕	
外祖父/外公	爹爹	外爷〔外祖祖〕	外公，公公	公公	外公
外祖母/外婆	家家	外婆〔外祖祖〕	外婆，婆婆		
父亲/爸爸	爸爸	老汉儿	爹，老者	我爹〔爹〕	阿爸
母亲/妈妈	妈妈，姆妈(旧称)	妈	妈，老妈	娘老子〔妈，我妈〕	阿妈
姑姑	姑妈（比爸爸大）/姑姑（比爸爸小）	姑妈（比爸爸大）/姑姑（比爸爸小）	姑妈	姑妈	阿娘/姑姑
姑父	姑爹	姑爹/姑爷（姑夫儿）	姑爹	姑爹	娘爷/姑爷
岳父	老丈人	老丈人/岳父	老丈人	老岳父〔老丈人〕	丈人老子/老丈人
姨	姨妈	姨妈〔幺幺〕	姨妈，姨姨	姨妈〔姨娘〕	姨妈/姨
姨父	姨爹	姨爹	姨爹	姨爹	姨爷
舅舅	舅舅	舅舅〔表爸爸〕	舅舅	舅爹/舅爷	阿舅
舅妈	舅妈	舅妈〔表嫂儿，舅母，舅娘〕	舅妈	舅妈	舅妈

续表

普通话	武汉话	成都/重庆话	贵阳话	昆明话	桂林话
女婿	女婿伢	女婿［干儿子］	姑爷/女婿	姑爷	姑爷
表兄弟	表哥/表弟	表兄弟/老表	表兄弟/老表	老表	老表
小孩儿	小伢	小娃娃/小娃儿［咩咩娃儿］	娃娃/娃儿	娃娃	小把爷/豆子鬼
男孩儿	儿子伢	男娃子/儿娃子［男娃儿，儿子娃儿］	男娃儿	男娃娃/儿子	男把爷
女孩儿	姑娘伢	女娃子/女娃儿［女子，娃儿］	女娃儿	小姑娘	女把爷
独生女	独姑娘	幺儿［独女子］	独姑娘	独姑娘	独龙女/独生女
独生子	独儿子	独儿子/独苗苗/独根根儿	独儿（子）	独儿子	独龙仔/独生子
私生子		私娃儿	私娃儿/偏刷生的	私生子	私生仔
侄子	侄儿子	侄儿子	侄儿子	侄儿子	侄子
侄女	侄姑娘	侄姑娘［侄女子］	侄姑娘，	侄姑娘	侄女
女儿	姑娘	女/幺儿［丫头］	女儿，女娃娃，妹儿	囡	女
儿子	儿子	儿子/幺儿［娃儿］	儿子，男娃儿，小伙子	儿	仔
大女儿	大姑娘	［大女子］	大女儿/大姑娘	大囡	老大
老家伙	老鬼	老汉儿子（男）/老把子（女）	老格斗	老倌	老秆子/老鬼
谈对象	玩朋友	耍朋友	讲对象/耍朋友	搞对象	讲朋友
对象/未婚妻	女朋友	［耍的朋友］	媳妇	媳妇	妹仔
相亲	对亲	相亲［说婚］	相亲	访亲/看亲/瞧人家	讲妹仔
丈夫	老公	丈夫/男的/口子［那口子］	男人/当家的/男的	老公	男人
新娘	新姑娘	新媳妇	新姑娘/新娘	新媳妇	新娘子

普通话	武汉话	成都/重庆话	贵阳话	昆明话	桂林话
新郎	新姑爷	新郎官儿	新姑爷/新郎	新姑爷	姑爷
单身汉/光棍儿	光棍	单身汉/光棍	单身汉	寡汉子	光棍
自己	个人	个人	自家	自己/自家	自己
别人	别个	别个	别个	别个	别个
乡下人	乡里的/乡巴佬	乡下人/土老伙〔农瓾皮〕	乡巴佬/乡下人/农坎	土豆	乡巴佬
外地人	外码	外地人	外地人	来路人	外地人
头/脑袋	脑壳	脑壳	脑壳	脑壳	脑壳
头疼	脑壳疼	脑壳疼	脑壳疼	脑壳疼	
光头	光脑壳	光头〔秃子波啰儿〕	癞头/逛波	光脑壳	光板
少白头	少年白	少年白	少年白/少白头	少年白	少年白
身体	身上	身体/体子〔身上〕	身体/胚胚	体子〔身上〕	身子
腋下	胁下窝	夹肢窝	夹肢窝（孔）	痒窝	胳肢窝
胳膊肘	倒拐子	倒拐子	手倒拐/手拐拐	拐子〔手拐拐〕	
脊梁骨	背脊骨	背脊骨	脊梁骨/背脊骨	背柴骨	脊梁骨
脊背	背	背	背	背背心〔背〕	后背
膝盖	髂膝头	髂膝头〔𦜌膝波儿〕	𦜌膝头	髂膝头	脚膝盖
大腿	大胯子	大腿〔大巴腿〕	大霸腿	大胯	大腿
小腿	小胯子	小腿	连二杆	小胯〔小腿〕	小腿
小腿肚		脚肚子	连包肚	腿肚子〔腿肚包〕	
脚踝骨	螺丝骨	螺丝骨〔螺丝拐〕	脚拐拐/螺蛳骨/螺丝拐	螺蛳骨	脚踝
睾丸	卵子	卵蛋/卵子	睾蛋/卵蛋	睾蛋/卵子	
耳朵	耳朵	耳朵	耳朵	耳朵	耳朵
鼻子	鼻子	鼻子	鼻子	鼻子	鼻孔

普通话	武汉话	成都 / 重庆话	贵阳话	昆明话	桂林话
腮	腮帮子	腮帮子	脸包	腮巴	腮帮
拳头	坨子	掟子 / 皮坨子 [坨子]	锤头 / 坨坨 / 锭子	捶头	捶子 / 捶头
左撇子	左撇子	左撇子 [左拐子]	左呱呱	左撇子	左拐子
指甲	指甲壳 [指甲]	指甲壳	指甲壳	指甲壳 [指甲]	指甲
眼泪	眼泪水	眼泪花儿，眼睛水 [眼泪水]	眼泪水，猫尿	猫水	
强盗	打劫的	[土匪，棒老二]	强盗	强盗	蛮子
二流子	痞子	二流子 [二混混]	二流子	歪货	痞鬼 / 痞仔
流氓	流氓	二流子 / 流氓	烂仔	流氓	
小偷	三只手	摸跟儿 / 贼，扒手 [贼娃子]	小偷 / 偷儿	小偷	小偷
乞丐 / 叫花子	告花子 [讨米的]	告花子 [讨口子]	告花子	花子 [告花子]	告花子
傻瓜	苕 / 憨子 / 憨头 [抱包]	憨憨 / 憨巴儿 / 方脑壳 / 哈儿 [瓜娃子，瓜兮兮，哈波儿，哈批]	憨包 / 哈批	憨包 / 憨子	傻子 / 傻卵
产妇	月母子	产妇	坐月婆	月子婆	坐月子
瘸子	跩子 / 跛子	跩子	跩子	跩子（跩跩）	跩子
驼背	驼子	驼背儿	驼背（子）	驼背 [背锅]	驼子（背）佬
瘌痢头	[癞子]	[癞子，癞光光]	癞头	瘌痢头	癞子头
哮喘病人	齁巴 / 齁包	齁包	齁包	哮喘病人	
偏瘫	半边瘫	半边风	半边疯	半边疯	半边疯
癫痫		羊儿风	羊癫疯 / 羊角风	羊耳疯	
贪吃	好吃 / 饿痨	[饿丛，哈吃哈胀，好吃]	饿捞捞	饿痨牢	饿死鬼
作呕	恶心	心翻 / 恶心 / 打 [反呕]	打恶心	心翻 [恶俗]	想吐

普通话	武汉话	成都/重庆话	贵阳话	昆明话	桂林话
疟疾	打摆子/打脾寒	打摆子/发疟疾[寒老二]	打摆子	打摆子	打摆子
腮腺炎		腮腺炎	喉耳包	大耳巴	
拉肚子	拉肚子/屙稀	屙肚子/拉稀/打滑[屙稀,跑肚子]	屙肚子/拉肚皮/拉稀	泻肚子/屙肚子[拉肚子]	屙肚子
咽气		落气了/死了	落气/死了/去豁	过气	断气
蔬菜	青菜	小菜	菜/白菜	小菜[绿菜]	菜
辣椒	辣椒[胡椒]	海椒	辣角	辣子	辣椒
烟	烟子	烟子	烟子	烟	烟
灰尘	灰	灰尘/灰/灰把把		尘灰	灰
夜宵	宵夜	夜宵[夜饭]	宵夜	宵夜	宵夜
面粉	灰面	灰面	灰面	灰面/麦面	灰面,粉子
去壳的稻米	米	米	去壳的稻米/白米	大米	米
吃米饭	吃饭	吃饭	吃饭		
玉米	苞谷	玉麦/苞谷	苞谷	玉麦[苞谷]	苞米,苞谷
稻米的壳	糠	[麦苏子,糠]	米糠/谷壳	糠	谷壳
厨房	伙房	厨房[灶屋]	灶房/厨房	灶房	伙房/灶屋
炭灰	麸碳	[火炭]		麸碳/泡碳	灰
菜很开胃	下饭		香盐	开胃	下饭
吃了胃里不舒服	反胃,曹胃	[胃里不气戳,磨闷]	打恶心	曹	
吃早餐	过早	吃早饭	过早	过早[吃早点]	过早/吃早饭
吃午饭	吃中饭	吃晌午	吃午饭/吃中饭	中午饭	过午
盛（米）饭	添饭	添饭[舀饭]	添饭	添饭[舀饭]	打饭,舀饭

续表

普通话	武汉话	成都/重庆话	贵阳话	昆明话	桂林话
半生不熟的饭	夹生饭	夹生饭［包浆饭］	夹生饭	夹心饭［夹生饭］	夹生米
剩饭（非现做的米饭）	现饭	现剩饭［冷饭］	现成饭/隔夜饭	［冷饭］	
浸泡后蒸熟、阴干的江米	阴米	［阴米子］	阴米		
噎住了	哽倒了	哽倒了	哽倒了	哽	卡颈
口渴	口干	口干		口干	口干/口渴
聚餐	打牙祭	改善伙食［下馆子］	打牙祭	打牙祭	搞活动
空心菜	竹叶菜［空心菜］	空心菜/藤藤菜［桐桐菜］	桶桶菜	蕹菜［空心菜］	蕹菜
（萝卜）糠了	抛	糠了［空了］	糠了	［糠心］	
土豆	土豆	洋芋	洋芋	洋芋	马铃薯
鸡爪	鸡爪	鸡爪子［鸡脚脚］	鸡爪爪	鸡脚	鸡脚/鸡爪爪
皮蛋（鸭蛋制成）	皮蛋	皮蛋	皮蛋	灰蛋	皮蛋
鳙/胖头鱼	胖头鱼			大头鱼	胖头鱼
鲫鱼	喜头鱼			［鲫壳鱼］	
冰棍儿	冰棒	冰糕	冰棒	冰棒	雪条/冰棒
盐	盐	盐巴	盐巴	盐巴	盐巴
白糖	白糖	白糖	白糖	白糖	盐糖
红糖	红糖	红糖［黄糖］	黑砂糖/红糖	红糖	黄糖
喝酒	喝酒	喝酒	喝酒，搞酒	干酒	吃酒
吸烟	呼烟，吃烟	抽烟［吃烟］	吃烟	抽烟	抽烟

续表

普通话	武汉话	成都/重庆话	贵阳话	昆明话	桂林话
毒药	痨药		痨药	痨药	毒药
后面	后头	后头	后头	后首［后头］	背后
屋里	屋里	屋头	屋头	房首［屋头］	屋里头
里面	里头	里面［里头］	里头，里面	里首［里头］	里头
下边	下边/底下［下头］	下头［底下，透起］	底下	下首［下头］	下面
上面	上边/高头	高头	高头/上头	高头/高首/高上	高头
所有角落	角角落落/卡卡角角	卡卡角角	卡卡角角	旮旮旯旯/角角落落	旮旮缝
台阶	坎子	［梯坎儿，梯梯］	坎坎	台阶［坎坎］	廊坡
房檐	屋檐子	屋檐	屋檐	廊檐	廊檐
厕所		茅斯	茅斯	茅斯	
拖鞋	拖鞋	拖鞋［拖板儿］	拖鞋	靸鞋	拖鞋
围巾	围巾	围巾	围巾	围巾	围巾
毛巾	袱子	帕子［帕帕］	洗脸帕	毛巾	洗脸手巾
手绢/手帕	手袱子	手帕子［帕帕］	手袱子	汗巾/汗帕	手巾
棉袄	袄子	棉袄［袄子］	棉袄/棉衣	棉衣	棉衣
围裙	围腰，围兜	围腰	围腰	围腰	围裙
毛线	毛线		毛线	毛线	头绳/毛线
毛衣	毛衣		头绳衣服/毛衣	毛衣	毛线/毛衣
用绷子做床板的床	绷子床	绷子床	绷子床	绷子床	
床单	［卧单］	床单	罩单	垫单	被单
雨伞	伞/雨伞	雨伞	伞	撑子［伞］	伞
理发	剪头	剪脑壳	理发/剃头/剪脑壳	剪头	剪头/发飞发
洗澡	洗澡/抹澡	洗澡	洗澡	洗澡	冲凉/洗凉
打盹儿	蹲瞌睡	打瞌睡/瞌睡/蹲瞌睡	蹲瞌睡/瞌睡	冲瞌睡/瞌睡	打瞌睡

续表

普通话	武汉话	成都/重庆话	贵阳话	昆明话	桂林话
睡觉	睡瞌睡	睡瞌睡	睡瞌睡	睏觉	睡觉
平摊/出资	搭伙	打平伙[各出各的]	打平伙	打平伙	平摊
(孩子满月,娘家送米、蛋等)	送祝米	送红蛋	送祝米	送粥米[送祝米]	
拾掇	收拾	收哒[收拾]	收拾/捡整	收拾	捡东西
做梦	做梦	做梦	做梦	做梦	做梦
说梦话	发梦天	说梦话	说梦话/爪梦脚	发梦冲	讲梦话
赶不上/来不及	来不及/搞不赢	搞不赢[赶不赢]		赶不赢[忙不得,忙不赢]	赶没及
赶得上/来得及	赶得及/搞得赢	搞得赢[赶得赢,撵得倒]		赶得赢[忙得赢]	赶得及
刷牙	洗口		刷牙齿	刷牙	漱口
知道	晓得	晓得	晓得	晓得[认得]	懂/晓得
不知道	不晓得/冇听说[找不倒]	不晓得	不晓得	晓不得/认不得[记不得]	没懂/没晓得
告诉	告诉/讲给……听	给……说/说	告诉/讲给……听	告诉[说]	告诵/讲给……听
不行/不可以	搞不得	不得行[莫法/要不得]	不行/不可以/要不得	要不得	没得/没可以
说闲话	讲小话/讲拐话	[嚼闲话,翻淡话]	讲小话	讲小话	讲坏话
在客人面前撒娇、胡闹	人来疯	[人来疯]	人来疯	人来疯	
拍马屁		[舔屁股]	拍马屁	捧泡洑上水[捧泡]	拍马屁/马屁精
脸色难看	挎倒个脸	用脸子/[扯起个脸,码起个脸]	马起脸/垮起脸	脸马的[拉马脸]	板脸

普通话	武汉话	成都/重庆话	贵阳话	昆明话	桂林话
挣扎	板命	[死命板]		板命	板命
吵架	吵架	搞嘴[扯筋,吵嘴,闹嘴]		干仗	闹架
劝架	扯劝	[拉架,劝人]	拉架	劝架	隔架
打架	打架	[打捶]		干架	干架/打架子
吵嘴	吵嘴/拌嘴			拌嘴	顶嘴
伸手	抻/次		摘手/次手	抻	伸手
麻烦(您啦)	多谢您家	[给……打麻烦]	添麻烦了/烦劳(您啦)	难为(难谓)	劳烦你
摆架子	吸味		摆架子/拽	拿翘	
催着/逼着	擂倒	[紧倒,古倒]		擂	急
搓/揉	揉	[rua]	rua	rua	rua
撒谎/说谎	扯谎,日白	日白/扯谎咧白[扯把子]	扯白	扯白[日白扯谎]	扯谎
无端的争吵	扯皮	[扯皮,紧里闹]	扯皮	扯经筋	扯板经
偏袒	护倒/卫护	向倒[偏心眼,惯,卫护]	偏心	卫护[护]	偏心
胡说八道	鬼讲	打胡乱说		白说白讲/鬼说鬼讲	扯卵蛋
瞎说/胡说	鬼说/鬼扯	鬼扯/打胡乱说		扯鬼[无良八道]	扯鬼谈/乱讲
插嘴	岔日		插嘴	岔巴	插嘴/嘴巴多
调换		[打调]	互换/挑换	互换	调过来
锯断	个断	个断[嗝断]		整断	格断
吹牛		[充壳子]	吹牛批	吹牛逼	吹牛逼/吹牛掰
顶住	顶倒	[顶倒]	抵倒	抵得	挡住/顶倒
当着(面)	当倒	[当倒,人面前]	当倒	[当得]	

续表

普通话	武汉话	成都 / 重庆话	贵阳话	昆明话	桂林话
撑着了	胀死了	[胀倒了]	胀倒了	胀倒了	胀了
咽气			死了 / 落气	咽气	过气
聊天	夸天	吹牛皮 / 吹夸夸 / 摆龙门阵 [摆条]	摆龙门阵 吹壳子	吹散牛 [摆白，款白]	扯板路 / 甩古
呆看着		[杵倒看，看神了]		相	傻看倒
啰唆 / 絮叨	嘀咕 [啰连]	啰连	啰唆	啰比八唆	雷堆
啰里啰唆	啰里吧唆	啰里八唆	啰里八唆	啰里八唆	雷里雷堆
浪费严重	糟蹋		抛撒	抛撒	浪费
佩服		服		恭维	
糟了	搞拐了	[糟瓜了]	拐了	搞拐	搞砸
占便宜	占便宜 / 占相因	占相因 / 摸活	占魁头 / 吃魁头 / 占相因 / 贪便宜	占马门 / 占魁头 / 占相因 / 捡相因	占便宜
偷秤	玩秤	耍秤 [整称]	咋称	玩秤	吃秤头
称量上多给一点	旺	[称红点]		旺头	搭秤头
干活	做事	做活路儿	做活路	干活 [做活路]	做工
做 / 干	搞 / 弄	做	搞，弄，做，干	搞，整 [做]	搞，整
轻手轻脚				压手压脚 [悄咪悄声]	轻点
故意	[跳，跳斗，跳呼，专门]	[专门]	叼意	故意	得意的
擤鼻涕	擤鼻子	[擤鼻子]	擤鼻子	擤鼻子	擤鼻涕
合不来 / 合不上	搞不拢	[合不拢，耍不拢，搁不来，整不拢]		逗不拢	合没拢
合群	合群	[耍得来，搁得好]	合心	伙人	合得拢

普通话	武汉话	成都/重庆话	贵阳话	昆明话	桂林话
看不惯	见不得			见不得	看没惯
不认识	不认得	认不倒	认不倒	认不得	没认得/认没倒
不服气	不服周		气不服	不服	没服气
蹲	跩	[箍]	蹲,箍倒	蹲起	蹲
钻进去	拱进去[歌进去]	拱进去	拱	拱进去	钻进去
可怜	造孽	造孽	造孽	造孽	造怜
拔(鸡毛)	嫌	扯	寻		扯鸡毛
洗澡	洗大澡	[冲凉]	洗澡	洗澡	洗凉/冲凉
洗澡盆	脚盆	[澡盆,浴盆]	洗澡盆	洗澡盆	脚盆/洗脚盆
生锈	锈了			生锈	起锈
塞住	堵倒	堵倒起了[堵起,堵倒]	㞎㞎倒	塞得	塞起/塞倒
噎住	哽倒	哽倒了	哽倒了	噎住	哽倒
(液体气体等从小孔往外喷射)	愤/飙[滋]	飙[滋]	飙,嘘,叽	飙	喷
扫帚	笤帚[笤把]	扫把[笤把]	扫把	扫把	扫把
不灵活	呆	呆/呆板[木]	呆板	呆迷罗霍[痴楖楖]	雷堆
不舒服		不安逸[不气戳]	不好在/不舒服	不安逸	没舒服
热闹	热闹	[闹热]	热闹	热闹	闹热
肮脏	醒醍/拉呱	醒醍[糟搞]	脏,挖抓	麀糟	邋遢
黑咕隆咚	黑漆麻黑	乌漆吗黑	黑咕隆咚	黑漆麻洞	黑麻麻
怕羞	怕丑	[害臊,臊皮,害羞]	害羞/不好意思	怕[噌]	怕丑
漂亮	灵醒	乖[江福]	漂亮/抻椭	漂亮	靓水
傻	苕	哈[莽]	憨/当	傻[憨]	傻

普通话	武汉话	成都/重庆话	贵阳话	昆明话	桂林话
傻气	苕气	土气，苕，哈宝儿	憨气	傻气［憨］	傻
傻里傻气	苕里苕气	哈宝儿［瓜兮兮的，莽戳戳］	憨包憨四，当米日眼	傻里傻气［憨不路出］	醒里醒气
病态的白	卡白/白个啦嚓	卡白	白卡卡	白渣渣	白了
一本正经			正儿八经	一本正经	作古正经
很可怜	蛮遭业	遭孽	遭孽	遭孽	可怜
讨厌	讨嫌/嫌人	看不惯［烦人］	讨人嫌		
臭烘烘	胖臭	胖臭	臭烘烘	胖臭	臭臭的
黑乎乎	黑黢麻乌	黑黢吗拱/乌漆吗黑	黑黢黢	［黑漆漆］	
一团糟	一团麻	一包糟［糟搞］	麻咋	一把糟［一包糟］	
倒霉	背时	背时/该省时	背时/霉死倒坎	背时/背霉［老火了］	背，背时
错/糟糕	拐	拐	拐火	拐［老火了］	拐
出错	搞拐了/出鬼	戳拐［拐了］	拐了	戳拐/出拐	搞拐了搞错了
不错	可得	可以		不拐［要得］	蛮好的
暗中(搞坏事)	阴倒搞	阴倒	阴悄悄		
正确	对头	对头		对头	对
笔直	直直的	直端端［直杆杆］		直愣愣［直勾勾］	直马马
漂亮/舒展	抻椭	抻抖［江福，乖］	抻椭	抻椭	靓水
捉迷藏	躲猫猫	躲猫猫［藏猫儿］	躲猫猫，蒙猫猫	躲猫猫	捉迷藏
(故意打出别人可以和的牌)	放铳	放炮［点炮］	放炮	放炮	放炮/点炮
打麻将	搓麻将	搓麻将［搓牌］		搓麻将	打麻将

普通话	武汉话	成都/重庆话	贵阳话	昆明话	桂林话
刚才/刚刚	将将	[将]	将将	将将	刚刚
现在	这门暂	[这哈儿]		[这哈]	
没有（副词）	冇	[莫得]	没得	莫，冇	没得
没有（动词）	冇得	没得	没得	冇得	没得
不要	莫/不消	[莫]		莫/莫消	莫
不会	不得	[不得，弄不来]		不会	没会
无缘无故	平白无故	平白无故[晓不得为啥子]		无凭白故	没明没白
多么	好生	好生		好好呢	起锈
很	蛮	[……得很]		蛮	蛮
反正		横直		横直	反正
原先	先头[头先]	[开先]		原前	原先
落后	掉尾巴	[不得行]		后来	后来
多么（坏）	几	[好]	啊么	那么	几
怎么	哪门	嘭个[咋个]	咋个	咋个	恁子
一点儿	一滴㞗	丁丁[丁点儿，点八点，一滴点儿]	咋个办	一滴滴[小滴点]	一点点
怎么办	么办	嘭个办[咋办，嘭个做，嘭开办]		咋个整	恁子搞
干什么	搞莫斯	干啥子[做瓜子，做啥]	搞嘭	整哪样	
一下子	一哈子	一哈儿	一发事	一哈哈	一下下
差一点儿	差滴㞗	[差丁点儿]	差滴儿个	差滴滴[差小点]	差点
小心	招呼倒	[看倒点]	看倒	招呼	慢点

普通话	武汉话	成都/重庆话	贵阳话	昆明话	桂林话
老老实实	老实巴交	敦		一老一实	老老实实的
胡同	巷子	[巷巷儿，巷子]		巷巷	巷子
舞龙灯	玩龙灯	[耍龙]	耍龙灯	耍龙灯	耍龙灯
讲故事		摆门阵/吹牛 [摆故事]	摆故事	讲故事	甩古/讲古
聊天	夸天	[摆龙门阵，摆条]	款天	吹散牛	扯板路
谁	哪个	哪个	哪个	哪个	哪个
什么	么斯	啥子	哪样	哪样	什马
做什么	做么斯/搞么斯	做啥子	搞朗	搞哪样	做嘛/搞什
怎么	么样	啷个	咋个	咋个	啷子
哪里	哪滴	那样，哪点 [哪哈儿]	哪点	哪点	哪开
让一下	让一哈	让哈子嘛 [让一哈]		让一哈	让哈子
一下（短时间）	一哈儿	一哈		一哈	一下下
窍门/门道	窍门 [毛窍]			毛窍	窍门
绿油油	绿汪汪	[绿 shenshen]	绿油油	绿汪汪	清清的
孵蛋	抱小鸡	[抱蛋]		抱蛋	抱窝
蟑螂	灶蚂子	偷油婆		灶蚂蚁	蟑螂
蚊子	麻蚊子	蚊虫 [咪蚊]	尖嘴蚊/蠓蠓蚊/默默蚊	蚊子	蚊虫
苍蝇	金苍蝇/麻苍蝇/绿头苍蝇/饭蝇 [饭蚊子]	蚊虫 [苍蝇子]	金蚊/金苍蝇/饭蚊/小黑苍蝇	苍蝇	苍蝇
老鼠	老鼠	耗子 [老鼠子]	耗子	老鼠	老鼠
狗	狗子	狗子		狗狗	狗

普通话	武汉话	成都/重庆话	贵阳话	昆明话	桂林话
母狗	母狗子	［母狗儿］		草狗	母狗
公狗	公狗子	［公狗儿］	牙狗	公狗	
公猫	公猫子	［公猫儿］	男猫	男猫	公猫
母猫	母猫子	［母猫儿］	女猫	女猫	母猫
电池	电池			电油	电油
垃圾	渣子		渣渣	垃圾	垃圾
螺丝刀	起子		起子	起子	起子
轮子	滚子	［滚子］			轮子

| 第四章 |

西南官话与普通话语法的差异

西南官话与普通话在语法方面大同小异。本章就一些常用词的语法意义和一些常见语法句式作一般性的说明。

一、语法意义、语法格式的比较

（一）重点词语

1.西南官话的"下"

（1）西南官话方音"哈"，语义相当于普通话的"下"。

武汉：他还有来，过一哈应该能到吧！

成都：他还没有来，等一哈儿就来啰！

重庆：他还没来，得一哈儿都来！

桂林：他还没有来，等哈子就到唠！

昆明：他还有来过，一小哈就到啦！

贵阳：他还没来，过一哈儿来嘛！

（2）相当于普通话的尝试体。

武汉：（别个）医生叫你多睡一哈，抽烟喝茶都不行。

成都：医生喊你多睡一哈儿，抽烟喝茶都不得行。

重庆：医生喊你多睡一哈儿，抽烟喝茶都不行。

桂林：医生喊你多睡哈，抽烟喝茶都不行。

昆明：医生喊你多睡一哈，抽烟喝茶都不可以。

贵阳：医生喊你多睡哈，抽烟喝茶都不行。

2.西南官话动态词

西南官话表示持续动作的"着、倒、起"，用法跟普通话用法有明显区别。

（1）西南官话中位于动词后的"倒"表示动态的延续，相当于普通话的"着"。例如：

武汉：想好了再说，不要抢倒说。

成都：想倒啰就说，不要去跟人家两个抢倒说。

重庆：想哈儿再说，不要抢倒去说。

桂林：想倒讲，不要抢得讲。

昆明：想倒讲，不要抢得讲。

贵阳：想清楚再说，不要抢倒说。

又如：

武汉：说倒说倒就笑起来啦。

成都：说倒说倒就笑起来啰。

重庆：说倒说倒就笑起来唠。

桂林：讲倒讲倒就笑起来了。

昆明：说倒说倒就笑起来啦。

贵阳：说倒说倒就笑起来哦。

（2）西南官话的"起"，可以表示动作的起始或动作的延续。例如：

普通话：刮风了，快把衣服穿上。

武汉：起风了，快把衣服穿倒。

成都：起风啰，搞快儿把衣服穿起。

重庆：起风啰，快点儿把衣服穿上。

桂林：起风啦，快把衣服穿上。

昆明：起风啦，赶点挨衣服穿起。

贵阳：刮风哦，快把衣服穿起。

3. 西南官话否定词语

普通话否定词用"别、没有"，西南官话用"莫、冇、没得、冇得"。

（1）西南官话"莫"。

"桌子上放着一碗水，小心别碰倒了。"该否定句中，普通话多用"别、不要"，西南官话中多用"莫"。用"莫"是西南官话的一个特色。西南官话中的"莫"应当是一个比较古老的否定词，而普通话的否定词"别"和"不要"应当是后起的说法。例如：

武汉：桌子高头放哒一碗水待啊，小心莫搞撒了。

成都：桌子上有一碗水，注意倒点儿莫碰倒了！

重庆：桌子上放了一碗水，小心莫碰倒去唠！

桂林：桌子高放倒一碗水，小心莫碰倒啦！

昆明：桌子上放得一碗水，小心莫打泼哒。

贵阳：桌子上放倒一碗水哩，小心莫打撒啊！

普通话"别着急，慢慢儿来"，西南官话中也有"莫、不要"的说法。例如：

武汉：莫着急，慢慢来。

成都：不要着急，慢慢儿来。

重庆：不要着急，慢慢儿来。

桂林：莫着急，慢慢地来。

昆明：莫着急，慢慢来。

贵阳：不要急，慢慢来。

（2）普通话"没有"，在西南官话中一般用"没得"。

普通话：那个房子没有这个房子好。

武汉：那个房子没得这个房子好。

成都：那个房子没得这个房子好。

重庆：那个房子没得列个房子好。

桂林：那一个房子没得这个房子好。

昆明：那个房子没得这个房子好。

贵阳：那个房子没得这个房子好。

又如：

普通话：锅里还有没有饭，你去看一下。

武汉：锅里面还有没得饭呐，你去看一哈。

成都：锅头还有没得饭哦，你去看一哈。

重庆：锅里头儿还有饭没得，你去看一哈儿。

桂林：锅里头还有没有得饭，你去看哈子。

昆明：锅上还有没得饭呢，你去看一哈。

贵阳：锅头还有饭没得，你去看一哈。

普通话"不行"，西南官话用"不行、不得、要不得、不得行"。

例如：

普通话：不行，那可就来不及了。

武汉：不行不行，那就来不及啊！

成都：要不得，那样子就搞不赢啰！

重庆：不得行，那都来不及唠！

桂林：不行，那就来不及了！

昆明：怕是不得行，等哈来不及了。

贵阳：不行，那就来不及啊啰。

4.西南官话语气词

西南官话语气词丰富，和普通话差异较大的有"嘛、哐、嘞、吵、哩、啰、咧、倒"，这可能和方言语音音变比较自由有关。方言区普通话学习者要注意使用普通话的语气词，避免把方言语气词带到普通话中。

本节附录较充分地展现了西南官话语气词的使用。此处介绍一例，普通话语气词"吧"，西南官话用"嘛、倒"等。

普通话：你先去吧，我们过一会儿再去。

武汉：你先去嘛，我们（过）一哈再去。

成都：你先去嘛，我们隔一哈儿再去。

重庆：你先去嘛，我们隔一哈儿再去。

贵阳：你先去嘛，我们过一哈儿再去。

昆明：你先去倒，我们过一哈儿就来。

桂林：你先去倒，我们过一哈儿再去。

5.西南官话疑问词

普通话的"怎么"，西南官话为"咋个、啷个、么、么样、哪么"；普通话的"多少"，西南官话为"几多、好多"；普通话的"什么"，西南官话为"么事、啥子、哪样、啷"。

普通话的"怎么"，在西南官话，各个方言区，有多个的同义词。例如：

普通话：这件事究竟怎么办呀？

武汉：这个事到底么样搞啊？

成都：这件事究竟啷个待办哦？

重庆：列个事到底啷个办嘛？

桂林：这件事啷子办哩啦？

昆明：这个事到底是咋个整呐？

贵阳：这件事情做到哪一步哦？

普通话：要多少才够呢？

武汉：要几多才够呀？

成都：要好多得够嘛？

重庆：要好多才够啊？

贵阳：要好多才够嘞？

昆明：要好多才够？

普通话：说那么多干什么？

武汉：讲那多搞么事咧？

成都：说那么多做啥子哦？

重庆：说那么多干啥子？

桂林：讲那么多搞哪样？

昆明：讲那个多咋哪样？

贵阳：说那么多干啥子哎？

（二）语法格式

1. "把"字句

（1）普通话"把那个东西递给我"，西南官话说法略有区别，句末多有辅助词语。例如：

武汉：把那个东西帮我递一哈。

成都：把那个东西递给我一哈。

重庆：把那个东西递给我一哈儿。

桂林：把那个东西递给我。

昆明：挨那个东西拿来给我。

贵阳：把啊个东西给我哈。

（2）普通话"我就是坐着不动，看你能把我怎么样"，西南官话的表述方式大体相同，但搭配的疑问代词不同。例如：

武汉：我就是坐倒不动，看你能把我么样。

成都：我就是坐倒这儿不扭，看你能把我做啥子。

重庆：我斗是坐起不动，看你能把我朗个办。

桂林：我就是坐倒不动，看你能把我朗子。

昆明：我就是坐得不动，你拿呀我咋个整。

贵阳：我就是坐起不动，看你拿我咋个做。

2. 比较句

西南官话的比较句与普通话略有差异。

普通话：他比我吃得多，干得也多。

武汉：他吃得比我多，做得也多。

成都：他吃得比我多，干得也多。

重庆：他吃得比我多，做得也多。

桂林：他比我吃得多，干得也多。

昆明：他比我吃呢多，干呢也多。

贵阳：他吃得比我多，做得也多。

又如：

普通话：我比不上你，你跑得比我快。

武汉：我比不赢你，你跑得比我快多了。

成都：我跑不赢你，你跑得比我快。

重庆：我比不上你，你跑得比我快。

桂林：我比不上你，你跑得比我快。

昆明：我比不得你，你跑呢比我快。

贵阳：我比不起你，你跑得比我快。

3. 双宾语句

普通话：给我一本书，给他三本书。

武汉：把我一本书，把他三本书。

成都：拿本书给我，拿三本书给他。

重庆：给我一本儿书，给他三本儿书。

桂林：给我一本书，给他三本书。

昆明：给我一本书就行啦，给他三本。

贵阳：给我一本书，给他三本书。

4. 被动句的差异

普通话多用"让、被"，西南官话略有差异：

普通话：他让人给打懵了，一下没明白过来。

武汉：他让别个打懵了，一下有会过来。

成都：他找人家打懵了，一下子没反应过来。

重庆：他找别个打傻儿啦，一下儿没明白过来。

桂林：他让别个打懵啦，一下子没明白过来。

昆明：他一哈给人家打懵得了，一哈子没回过神来。

贵阳：着他打懵哦，一发事没明白过来。

5. 肯、否反复式的差异

普通话：给你三天时间，做得了做不了？

武汉：把你三天时间，做不做得了？

成都：给你三天时间，你做不做得了？

重庆：给你三天时间，做哩倒不？

贵阳：给你三天时间，你做不做得完？

昆明：给你三天的时间，给哪做得完？

桂林：给你三天时间，做得到做不到？

又如：

普通话：你们来得了来不了？来得成来不成？

武汉：你们来不来得了？来不来得成？

成都：你们来不来得倒哦，来不来得成哦？

重庆：你们来得到不？

桂林：你们来不来得了？来得来不成呐？

昆明：你们个来得了，个来得成呐？

贵阳：你们来得倒不噢？

二、语法应用中应注意的问题

（一）词的构成形式

西南官话中有许多语法形式与普通话明显不同，表达的语义与普通话也不尽相同，尤其在武汉方言、成都方言、贵阳方言、云南方言中比较突出，特别是构词形式方面。方言区普通话学习者要避免使用方言构词形式来说普通话。

1.词缀形式

（1）"子"

"子"缀在普通话中使用范围较小，如"猪、羊、狗、桶"等都不带"子"缀。西南官话中"子"缀的使用范围很宽，如"猪子、羊子、狗子、杏子、鞋子、鞋带子、帽檐子"。

（2）"头"

普通话有使用词缀"头"的现象，如"嚼头、看头、甜头"。西南官话"头"运用更广，如"搞头、抛头、旺头、说头、做头、写头"，表方位的词也超出普通话的范围，如"高头、屋头、脚头"。

（3）西南官话各地方言都还有一些特殊的词缀，以形容词更常见。例如：

呼呼声、响响声、白卡卡、矮咄咄（武汉）；干舒舒、烂朽朽、直杠杠、阴悄悄（成都）；乌皂皂、稳妥妥、松捞捞、皮扯扯（昆明）；酸啾啾、苦分分、瘦卡卡（贵阳）。

2. 构成方式

西南官话有一些"色彩明显"的常用词和构词法，和普通话有很大的差异。例如表示"傻"的形容词，四川、重庆用"瓜、哈"，一般还加其他成分表语气，如"瓜兮兮、瓜不兮兮、瓜眉瓜眼、哈儿、哈宝儿"。云南昆明、曲靖用"憨"，如"憨、憨不撸出"。贵阳也多用"憨"。武汉用"苕"。总之，西南地区"哈、憨、苕"共用，但各地有自己的倾向和高频词。

量词。西南官话也有些量词和普通话的很不同，例如"一匹瓦、几匹肋巴骨、一坨钱、一坨线"。

副词。西南官话表程度的副词较多，如四川、重庆的"多巴适、飞辣、焦苦"。

西南官话里重叠式丰富，表意生动。以下以贵州话为例：

灰灰（灰尘）、葱葱（小葱）、毛毛（毛发）、沙沙（沙粒儿）、脚脚（渣滓）、水水（水儿）、草草（小草）、米米（花生仁）、路路（印子）、面面（面儿）、气气（味儿）、粑粑（糕饼）、杯杯（杯子）、框框（框儿）、飞飞（单据）、坛坛（坛子）、盒盒（盒子）、篮篮（篮子）、坎坎（台阶）、眼眼（小洞）、铲铲（铁锨）、棒棒（棍儿）、罐罐（罐儿）、柜柜（柜儿）、盖盖（盖儿）、箱箱（抽屉）、嘴嘴（器皿的嘴儿）。

又如：稀糟糟、瘦精精、光生生、烂垮垮、黑黢黢／想说想说的、想吐想吐的、要死要死的、要垮要垮的、二昏二昏（昏头昏脑）的。

（二）语法格式问题

西南官话也是普通话的基础方言，普通话的语法格式，是在官话方言的基础上形成的。普通话语法格式的发展有自身的发展，也会在不同方言中吸收具有表现力的语法格式。比如，西南官话的"你喜不喜欢他？"这种这种反复句形式，如今已经进入普通话。本章第一节中列举了较多的普通话与西南官话语法格式比较的例句。西南官话有些语法格式具有表现力，今后也有可能进入普通话，但今天学习普通话，还必须严格按照普通话的语法格式进行表述。

附录

普通话与西南官话常用语法 154 例对照表

黑体字为普通话例句。方言和普通话发音差异大的字后附说明，能用拼音标注读音的，拼音直接标在该字后面；不能用拼音的，括号里用加斜杠的国际音标转写。例如武汉话中"说好啦走的，么样半天还不走咧"括号里的"么样"音 /mo ŋaŋ/"，是国际音标转写的"么样"的发音。例句后括号里是解释的内容。例如武汉话中"他还有来，过一哈应该能到吧！（"还"弱读为 ai；"下"音 ha，记为"哈"），括号里的内容说明了"还"和"下"发声了音变，并用拼音标出了两字的实际发音。本部分未标声调。

001 谁呀？我是老王。

武汉：哪个呀？我是老王。

成都：哪个？我是老王。

重庆：哪个？我是老王。

桂林：哪个？我是老王。

昆明：哪个？我是老王。

贵阳：哪个？我是老王。

002 您贵姓？我姓王，您呢？

武汉：您贵姓呐？我姓王，你咧？

成都：你姓啥子？我姓王，你咧？

重庆：你贵姓？我姓王，你咧？

桂林：你贵姓？我姓王，你咧？

昆明：你介贵姓？我姓王，你介咧？

贵阳：你贵姓？我姓王，你咧？

003 我也姓王，咱俩都姓王。

武汉：我也姓王，我们两个都姓王。

成都：我也姓王，我们两个都姓王。

重庆：我也姓王，我们两个都姓王。

桂林：我也姓王，我们两个都姓王。

昆明：我也姓王，我两个都姓王。

贵阳：我也姓王，我们两个都姓王。

004 他还没来，过一会儿会到吧！

武汉：他还有来，过一哈应该能到吧！（"还"弱读为 ai；"下"音 ha，记为"哈"。下同）

成都：他还没有来，等一哈儿就来啰！

重庆：他还没来，得一哈儿都来！

桂林：他还没有来，等下子就到唠！

昆明：他还有来，过一小哈就到啦！

贵阳：他还没来，过一哈儿来嘛！

005 他上哪儿了？在家吃饭呢。

武汉：他到哪里去了啊？待屋里吃饭咧。（"在"音 dai，记为"待"。下同）

成都：他到哪儿去？待屋头吃饭。

重庆：他到哪点儿去啦？在屋头吃饭去啦。

桂林：他去哪儿去啦？他在屋里头吃饭咧。

昆明：他去哪里去了？在家吵吃饭。

贵阳：他去哪点啦？在屋头吃饭。

006 在家做什么？在家吃饭呢。

武汉：在屋里做么斯啊？在屋里吃饭。

成都：在屋头做啥子？待屋头吃饭。

重庆：在家做啥子啊？在屋头吃饭。

桂林：在屋里头做什么？在屋里头吃饭。

昆明：在家咋哪样？在家吃饭。（"哪样"合音，音近"俩"）

贵阳：在屋里头做俩？在屋头吃饭。

007 都几点了，怎么还没吃完？

武汉：都几点了啊，么样还有吃完咧？（"么样"音 /mo ŋaŋ/）

成都：都几点了啰，朗个还没有吃完咧？

重庆：都几点啦，朗个还没吃完？

桂林：都几点钟啦，朗子还没吃完？

昆明：都几点啦？咋个还有吃完？

贵阳：几点钟了啰，咋还没吃完？

008　还没有呢，再有一会儿就吃完了。

武汉：还有哦，过一哈斗吃完啦。

成都：还没有得，再隔一哈儿就吃完啰。

重庆：还没有，再隔一哈儿斗吃完了。

桂林：还没有咧，等下子就吃完啦。

昆明：还有咧，还有一小哈就吃完。

贵阳：还没得咧，过一哈儿就吃完啰。

009　他在哪儿吃的饭？

武汉：他到哪里吃哩饭呐？

成都：他待哪儿吃哩饭？

重庆：他在哪儿点儿吃哩饭？

桂林：他在哪去吃哩饭？

昆明：他去哪里吃哩饭？

贵阳：他在哪点吃哩饭？

010　他是在我家吃的饭。

武汉：他到我屋里吃哩饭吵。

成都：他是待我屋里吃哩饭。

重庆：他是在我屋头吃哩饭。

桂林：他是在我屋里头吃哩饭。

昆明：他在我这（介）家吃呢饭。

贵阳：他是在我家吃哩。

011　真的吗？真的，他是在我家吃的饭。

武汉：真的？真的，他是待我屋里吃哩饭。

成都：真哩呀？真哩，他是待我屋头吃哩饭。

重庆：真哩呀？真哩。他是在我屋头吃哩饭。

桂林：真哩啊？真哩。他是在我家吃哩饭。

昆明：真呐，他是在我这介吃呢饭。

贵阳：真哩咩？真哩。他是在我家吃哩饭。

012 先喝一杯茶再说吧！

武汉：先喝杯茶再说吧！

成都：先喝杯茶再说！

重庆：先喝一杯茶再说嘛！

桂林：先喝一杯茶再讲嘛！

昆明：先喝杯茶再说！

贵阳：先喝点茶再说！

013 说好了就走的，怎么半天了还不走？

武汉：说好啦走的，（是）么样半天还不走咧？

成都：说好啰都走，朗个半天了都还不走咧？

重庆：说好啦都走哩，朗个半天还不走啊？

桂林：讲好啦就走哩，朗子那么半天了都还不走咧？

昆明：说好啦一哈就走的，咋个半天还不走？

贵阳：说好了马上走哩，咋这么半天了还不走？

014 他磨磨蹭蹭的，做什么呢？

武汉：他拖拖拉拉地，搞么子吵？

成都：他朗个摸摸索索哩，待整啥子咧？

重庆：他摸摸索索哩，做啥子啊？

桂林：他磨磨蹭蹭哩，搞什么啦？

昆明：磨磨蹭蹭的，在搞哪样？

贵阳：他皮皮拖拖哩，搞点啰？

015 他正在那儿跟一个朋友说话呢。

武汉：他这么暂待那里跟一个朋友说话。（"么"弱读为 m）

成都：他正待儿那儿跟一个朋友两个说话。

重庆：他正在那儿点儿跟一个朋友摆龙门阵。

桂林：他正在那和一个朋友讲话咧。

昆明：他正在那儿跟一个朋友在讲话。

贵阳：他正在那点儿和一个朋友在说话。

016 还没有说完啊，催她快点儿。

武汉：还有说完呐，快滴尕吵！／紧讲个么子吵，叫她快滴尕！

成都：还没有说完啊，催她搞快点儿嘛！

重庆：还没说完啊，喊她快点儿！

桂林：还没曾讲完啦，你催她快点啦！

昆明：咋个还有讲完，催他赶紧点！

贵阳：还没有说完啊，催她快点。

017 好，好，他就来了。

武汉：好的好的，他马上来了！

成都：好，要得，他马上就来啰！

重庆：要得，要得，他们马上都来。

桂林：好哩，好哩，他就来了！

昆明：是啦，是啦，马上他就来了！

贵阳：好哩好哩，他马上就来。

018 你上哪儿去？我到街上去。

武汉：你到哪滴去？我到街上去啊。（"里"音 di，记为"滴"）

成都：你到哪儿去？我到街上去。

重庆：你到哪点儿去啊？我到街上去。

桂林：你去哪？我去街上面。

昆明：你去哪地？我去街上。

贵阳：你去哪点？我上街。

019　你什么时候去？我马上就去。

武汉：你几么去啊？我马上就去。（"几么"音 ji mang）

成都：你啥子时候去咧？我马上就去。

重庆：你好久去啊？我马上斗去。

桂林：你什么时候去？我马上就去。

昆明：你哪哈去？我一哈就去。

贵阳：你好久去？我马上就去。

020　干什么去呀？家里来客人了，买点儿菜去。

武汉：你搞么子去啊？我屋里来啦客，我去买点菜。（"点"音
die。若无说明，"点"发音后同）

成都：去做啥子？屋头来客啰，买点儿菜去。

重庆：去做啥子啊？屋里来客人了啰，去买点儿菜嘛。

桂林：做什么啦？屋里头来客人啦，我去买点菜。

昆明：去干哪样？家里头来客人啦，去买点菜去。

贵阳：搞俩去？屋头来客人咧，买点菜去。

021　你先去吧，我们过一会儿再去。

武汉：你先去吧 / 你先去先去，我们一哈再去。

成都：你先去嘛，我们隔一哈儿再去。

重庆：你先去嘛，我们隔一哈儿再去。

桂林：你先去嘛，我们等哈子就去。

昆明：你先去倒，我们过一哈儿就去。

贵阳：你先去倒，我们过一哈再去。

022　好好儿走，别跑，小心摔跤了。

武汉：好生点走 / 过点细走，莫跑，小心跶倒了。（"了"音 liao）

成都：好生走，不要跑，看绊倒啰。

重庆：好哈儿走，莫跑，小心摔唠！

桂林：好好走哦，莫跑，小心跌倒！

昆明：好好呐走，莫跑，等哈管翻倒。

贵阳：好好走，不要跑，小心跶倒哦。

023 小心点儿，要不然摔倒了，爬都爬不起来。

武汉：过点细，要不然跶倒了，爬都爬不起来。

成都：注意倒点儿，要不然绊倒了，爬都爬不起来。

重庆：小心点儿，不然哩话，摔唠，爬都爬不起来。

桂林：小心点啦，不然的话，跌倒的话，爬都爬不起来。

昆明：看倒点儿，等哈管翻的嘛，爬都爬不起来。

贵阳：小心倒点，要不然哩话跶倒哩话，爬都爬不起来。

024 不早了，快去吧！

武汉：来不及了，快点去！

成都：天暗啰，搞快点儿去！

重庆：不早唠，快点儿去嘛！

桂林：没早啰，快点去嘛！

昆明：差不多了，赶点走。

贵阳：不早哦，快点去啰！

025 这会儿还早呢，过一会儿再去吧。

武汉：这么还早，过一哈再去。

成都：这哈儿还早的，隔一哈儿再去哟。

重庆：列哈儿还早，隔一哈儿再去嘛。（"这"音 nie，记作"列"）

桂林：还早咧，等下子就去啰。

昆明：现在还早的呐，一哈再去。

贵阳：这哈儿还早咧，过一哈儿再去吧。

026 吃了饭再去好不好？

武汉：吃啊再去好不好咧？

成都：饭吃啰再去要得不嘛？

重庆：吃唠饭再去要得不嘛？

桂林：吃了饭再去好不好啦？

昆明：吃完饭再去嘛！

贵阳：吃了饭再去好不好？

027　不行，那可就来不及了。

武汉：不行不行，那就来不及啊！

成都：要不得，那样子就搞不赢啰！

重庆：不得行，那都来不及唠！

桂林：不行，那就来不及了！

昆明：怕是不得行，等哈来不及了。

贵阳：不行，啊就来不及啊啰。（"那"弱化为 a，记为"啊"）

028　不管你去不去，反正我是要去的。

武汉：管你去不去，反正我是要去哩。

成都：管得你去不去哦，反正我是要去哩。

重庆：不管你去不去，反正我是要去哩。

桂林：不管你去不去，反正我是要去哩。

昆明：不管你去不去，反正我肯定是要去的。

贵阳：不管你去不去，反正我是要去哩。

029　你爱去不去，不爱去就不去。

武汉：随便你去不去，不想去就不去。

成都：你爱去不去，不爱去就不去。

重庆：你想去斗去，不想去斗不去。

桂林：你爱去不去，不爱去就不去了啰。

昆明：你想去就去，不想去就算了。

贵阳：你想去就去，不想去就不去。

030　那我非去不可！

武汉：那我还非去不可咧！

成都：那我非去不可！

重庆：那我非去不可！

桂林：那我硬是要去不可！

昆明：我肯定要去嘛！

贵阳：啊我非要去不行！（"那"弱化为 ɑ，记为"啊"）

031　那个东西不在那儿，也不在这儿。

武汉：那个东西不待那里，也不待这里。

成都：那个东西不待那儿，也不待这儿。

重庆：那个东西不在那点儿，也不在这地儿。

桂林：那个东西不在那块儿，也不在这块儿。（"块儿"音 /kʰiɛ/）

昆明：那个东西不在那点，也不在这点。

贵阳：啊耳东西不在啊点，也不在这点。

032　到底在哪儿？

武汉：到底在哪里啊？

成都：到底在哪儿嘛？

重庆：到底在哪点儿？

桂林：到底在哪块儿？

昆明：到底在哪点？

贵阳：到底在哪点？

033　我也说不清楚，你问他去！

武汉：我也搞不清白，你去问他去哕！

成都：我也说不晓得，你去问他！

重庆：我也说不清楚，你去问他嘛！

桂林：我也讲不清楚，你去问他！

昆明：我也说不清楚，你去问他去！

贵阳：我也说不清楚，你去问他嘛！

034 怎么办呢？不是那么办，要这么办才对。

武汉：么办咧？不是那样，要这样。

成都：朗个办咧？不是那个样子的，要这个样子才得行。

重庆：朗个办呐？不是楞个办，要楞个办才对。

桂林：朗子搞咧？不是朗子办，要这样子才对。

昆明：咋个整？不是那么整，反起这么整才对。

贵阳：咋个办咧？不是那样子办，要这样子办才对。（"那"弱读为ɑ，音近"啊"）

035 要多少才够呢？

武汉：要几多才够呀？

成都：要好多才得够嘛？

重庆：要好多才够啊？

桂林：要好多才够咧？

昆明：要多少才够？

贵阳：要好多才够？

036 太多了，要不了那么多，只要这么多就够了。

武汉：太多了，要不了那多，只要这多就够啦。

成都：太多啰，要不倒那么多，只要这么儿多就够啰。

重庆：太多了，要不倒楞个多，只要楞个多就够唠。

桂林：太多了，要不得那么多，这点就够啦。

昆明：太多啦，要不倒那么多，拿这点就够了。

贵阳：太多哦，要不倒啊多，只要这么多就够哦。（"么"弱读为m）

037 不管怎么忙，也得好好儿学习。

武汉：随你么样忙，也要好好学习。

成都：不管你再忙，都要好生学习。

重庆：不管好忙，也要好好学习。

桂林：不管朗子忙，也要好好学习。

昆明：不管再咋个忙，也要好好学习。

贵阳：不管咋忙，你要好好学习。

038　你闻闻这朵花香不香？

武汉：你闻哈看这花香不香？

成都：你闻哈这朵花香不香？

重庆：你闻一哈列朵花香不香？

桂林：你闻下这花香不香？

昆明：你闻闻这朵花个香？

贵阳：你闻哈这朵花香不香？

039　好香啊，是不是？

武汉：好香啊，是不是啊？

成都：好香啊，是不是啊？

重庆：好香啊，你觉不觉得？

桂林：蛮香啊，朗子？

昆明：好香啊，个对？

贵阳：好香啊，是不是哩？

040　你是抽烟呢，还是喝茶？

武汉：您是抽烟咧，还是喝茶咧？（"您"音 /ni ŋa/）

成都：你是要抽烟咧，还是要喝茶？

重庆：你抽烟，还是喝茶？

桂林：你是抽烟，还是喝茶？

昆明：你是抽烟，还是喝茶？

贵阳：你是抽烟咧，还是喝茶？

041　烟也好，茶也好，我都不会

武汉：烟也好，茶也好，我都不会。

成都：不管是烟，还是茶，我都整不来。

重庆：烟和茶，我都不会。

桂林：烟也好，茶也好，我都不会。

昆明：烟还是茶，我都不会。

贵阳：烟也好，茶也好，我都不会。

042　医生叫你多睡一睡，抽烟喝茶都不行。

武汉：别个医生叫你多睡一哈，抽烟喝茶都不行。

成都：医生喊你多睡一哈儿，抽烟喝茶都不得行。

重庆：医生喊你多睡一哈儿，抽烟喝茶都不行。

桂林：医生喊你多睡下，抽烟喝茶都不行。

昆明：医生喊你多睡一哈，抽烟喝茶都不可以。

贵阳：医生喊你多睡哈，抽烟喝茶都不行。

043　咱们一边走，一边说。

武汉：我们一边走，一边说。

成都：我们边走边说 / 我们一路走，一路说。

重庆：我们一路走，一路说。

桂林：我们一边走，一边讲。

昆明：我们一边走，一边讲。

贵阳：我们一路走，一路说。

044　这个东西好是好，就是太贵了。

武汉：这个东西好是好，就是太贵了。

成都：这个东西好是好，就是太贵啰。

重庆：列个东西好是好，斗是太贵啦。

桂林：这个东西好是好，就是太贵了啦。

昆明：这个东西好倒是好呢，就是太贵啦。

贵阳：这东西好是好，就是太贵哟。

045 这个东西虽说贵了点儿，不过挺结实的。

武汉：这个东西贵是贵了一点，不过还是蛮扎实的。

成都：这个东西虽说贵了点儿，不过还是多拽实哩。

重庆：列个东西虽然贵是贵，但是还多结实咧。

桂林：这个东西讲是贵咧，不过蛮结实哩。

昆明：这个东西虽然讲贵着一小点儿，但是呢，还是挺结实。

贵阳：这个东西虽然说贵了点，不过扎实完咧。

046 我五点半就起来了，你怎么七点了还不起来？

武汉：我五点半就起来了，你是么样七点还不起来咧？

成都：我五点半就起来啰，都七点啰你还不起来？

重庆：我五点半斗起来啦，你朗个七点还不起来？

桂林：我五点半就起来了，你朗子七点了还不起来？

昆明：我五点半就起了，你咋个七点还不起？

贵阳：我五点半就起来了，咋个七点了你还不起来？

047 桌子上放着一碗水，小心别碰倒了。

武汉：桌子高头放哒一碗水待啊，小心莫搞撒了。

成都：桌子上有一碗水，注意倒点儿不要碰倒了！

重庆：桌子上放了一碗水，小心莫碰倒去唠！

桂林：桌子高放倒一碗水，小心莫碰倒啦！

昆明：桌子上放得一碗水，小心莫打泼哒。

贵阳：桌子上放倒一碗水哩，小心不要打撒啊！

048 门口站着一帮人，在说着什么。

武汉：门口站倒一帮人待，好像待说么事！

成都：门口站了一帮人，不晓得在说啥子。

重庆：门口站倒一坨人，在说啥子。

桂林：门口站倒一伙人，在讲什么啦！

昆明：门口站得一帮人，在讲哪事！

贵阳：门口站起一啪吧人，不晓得在说些哪样。

049 坐着吃好，还是站着吃好？

武汉：是坐倒吃好咧，还是站倒吃好咧？

成都：你是想坐倒吃，还是要站倒吃？

重庆：坐起吃好，还是站起吃好？

桂林：坐倒吃好，还是站倒吃好咧？

昆明：坐呢吃好，么还是站呢吃好？

贵阳：坐起吃好，还是站起吃好？

050 想好了说，不要抢着说。

武汉：想好了再说，不要抢倒说。（"了"音 nga）

成都：想倒啰就说，不要去跟人家两个抢倒说。

重庆：想哈儿再说，不要抢倒去说。

桂林：想倒讲，不要抢得讲。

昆明：想得讲，不要抢得讲。

贵阳：想清楚再说，不要抢倒说。

051 说着说着就笑起来了。

武汉：说倒说倒就笑起来啦。

成都：说倒说倒就笑起来啰。

重庆：说倒说倒斗笑起来唠。

桂林：讲倒讲倒就笑起来了。

昆明：说倒说倒就笑起来啦。

贵阳：说倒说倒就笑起来哦。

052 别怕！你大着胆子说吧！

武汉：莫怕！你只管大胆地说。

成都：不要怕，你码起胆子说 / 大胆儿点儿说。

重庆：莫怕，你大起胆子说嘛。

桂林：莫怕，你大倒胆子讲嘛！

昆明：不消怕，你消讲！

贵阳：不要怕，大起胆子讲！

053 这个东西重着呢，有一百多斤。

武汉：这个东西蛮重，有百把斤。

成都：这个东西重得很，有一百来斤哦。

重庆：列个东西重得很，有一百多斤。

桂林：这个东西重得很！足足有一百来斤。

昆明：这个东西重得呢！怕是有百把斤。

贵阳：这个东西重得很咧！可能有百把斤。

054 他对人可好着呢。

武汉：他对人蛮好。

成都：他对人好得很！

重庆：他对人很好！

桂林：他对人好得很！

昆明：他对人好。

贵阳：他对人好完咧。

055 别跑，你给我站着！

武汉：莫跑，站倒！

成都：不要跑，你给我（个）站倒！

重庆：莫跑，你给我站倒起！

桂林：莫跑，你给我站倒！

昆明：莫跑，挨我站起！

贵阳：不要跑，站倒！

056　下雨了，路上小心点！

武汉：下雨了啊，路上看倒点！

成都：下雨啰，路上小心点儿！

重庆：下雨唠，路上小心点儿！

桂林：落雨啦，路上小心点！

昆明：下雨了嘎，路上滑，小心！

贵阳：落雨啊，路上小心点！

057　点着火了。着凉了。

武汉：火点着了。着凉了。

成都：火点燃啰。凉倒啰。

重庆：点起火唠。着凉啰。

桂林：点着火啦。着凉啦。

昆明：火点着了。着凉了。

贵阳：火点起哦。凉倒啰。

058　不用着急，慢慢儿来。

武汉：莫着急，慢慢来。

成都：不要着急，慢慢儿来。

重庆：不要着急，慢慢儿来。

桂林：莫着急，慢慢地来。

昆明：莫着急，慢慢来。

贵阳：不要急，慢慢来。

059　这本书好看着呢！

武汉：这本书好好看呐！

成都：这本书好看得很！

重庆：列本书多好看咧！

桂林：这本书好看得很！

昆明：这本书好瞧呢！

贵阳：这本书好看得很！

060 饭好了，快来吃吧。

武汉：饭做好啦，快来吃吃。

成都：饭好啰，搞快儿来吃！

重庆：饭煮好唠，快点儿来吃嘛。

桂林：饭好了，快来吃！

昆明：饭已经做好了，赶点儿来吃。

贵阳：饭好啊，快点来吃啊！

061 锅里还有没有饭，你去看一下。

武汉：锅里面还有没得饭呐，你去看一哈。

成都：锅头还有没得饭哦，你去看一哈。

重庆：锅里头儿还有饭没得，你去看一哈儿。

桂林：锅里头还有没有饭，你去看哈子。

昆明：锅上还有饭呢，你去看一哈。

贵阳：锅头还有饭没得，你去看一哈。

062 就剩一点儿了，吃了算了。

武汉：就剩一点尕啦，吃了算哒。

成都：就剩滴点儿啰，把它吃啰算了嘛。

重庆：斗剩一点儿唠，吃了算啰。

桂林：就剩一点点，吃了就算了。

昆明：只剩一点点了，吃哒。

贵阳：还剩一滴滴过啊，吃啊算啰。

063　他吃了饭了，你吃了饭没有呢？

武汉：他吃了，你吃了莫？

成都：他都吃啰饭啰，你吃啰饭没得啦？

重庆：他吃了饭了，你吃了饭没得？

桂林：他吃啦饭啦，你吃啦饭没有？

昆明：他吃了饭啦，你个吃了？

贵阳：他吃过饭啊，你吃过没得？

064　我喝了茶，还是渴。

武汉：我喝了茶的，还是干。

成都：我喝啰茶，但是还是渴。

重庆：我喝啰茶，还是渴。

桂林：我喝了茶，还是口干。

昆明：我喝着茶了，但还是口干。

贵阳：我喝完茶，还是觉得口渴。

065　吃了这碗饭再说。

武汉：吃啊饭再说。

成都：吃啰这碗饭再说。

重庆：吃啊列碗饭再说。

桂林：吃了这碗饭再讲。

昆明：吃完饭再讲。

贵阳：吃了这碗饭再说。

066　不要把茶杯打碎了。

武汉：莫把杯子搞跶了咧！

成都：你不要把茶杯打烂啰！

重庆：莫把茶杯打碎啰！

桂林：莫把茶杯打碎了啦！

昆明：你莫挨茶杯打烂得搞！

贵阳：不要把茶杯打烂啰。

067 天气不好，下雨了。雨不下了，天晴开了。

武汉：天气不好，下雨了。雨不下了，天晴了。

成都：天气不好，下雨啰。雨不下啰，天又晴啰。

重庆：天气不好，下雨唠。雨不下啦，天晴啦。

桂林：天气没好，落雨了。雨不下咧，天晴了。

昆明：天气不好，下雨啦。雨不下啦，天已经晴得了。

贵阳：天气不好，落雨哦。雨不下啊，天晴啊。

068 给你三天时间，做得了做不了？

武汉：给你三天时间，做不做得了？

成都：给你三天时间，你做不做得倒？

重庆：给你三天时间，做哩倒不？

桂林：给你三天哩时间，你做不做得倒？

昆明：给你三天的时间，个哪做得完？

贵阳：给你三天时间，做得倒做不倒？

069 这牛拉过车，没骑过人。

武汉：这个牛拉过车，冇骑过人。

成都：这个牛拉过车，但是人没有骑过。

重庆：列个牛拉过车，但是没骑过人。

桂林：这牛拉过车，没骑过人。

昆明：这个牛拉过车，但是冇骑过人。

贵阳：这个牛拉过车，没驮过人。

070 这小马还没骑过人，你小心点。

武汉：这小马还没骑过人咧，你小心点尕。

成都：还没人骑过这小马，你要注意倒点儿。

重庆：列个小马还没骑过人，你小心点儿。

桂林：这小马还没有人骑过，你小心点。

昆明：这个小马还有骑过人咧，小心得点儿尕。

贵阳：这匹小马还没驮过人，你小心点。

071　掉到地上了，怎么都没有找着。

武汉：掉倒地上去了啊，么样找都找不倒。

成都：掉倒地下啰，朗个都找不倒。

重庆：掉倒地上去唠，朗个找都没找倒。

桂林：跌倒地上了，朗子找都没找倒。

昆明：掉去地下去了，咋个找都找不着。

贵阳：落倒地上啦，咋个找都找不倒。

072　今晚别走了，就在我家住下吧！

武汉：今天晚上莫走了，就待我屋里住吧。

成都：今儿黑不要走啰，就待我屋头住！

重庆：今天晚上不要走啦嘛，斗在我屋头住！

桂林：今天晚上就莫走啦，就住在我屋里头了嘛！

昆明：今天晚上莫走啊，在我家就住了。

贵阳：今晚上不要走嘿，就住我屋头嘛。

073　这些果子吃得吃不得？

武汉：这些果子能不能吃啊？

成都：这些果子吃得不哦？

重庆：列些果子吃得不？

桂林：这些果子吃不吃得啦？

昆明：这些果子个哪吃啊？

贵阳：这些果子吃得吃不得哦？

074　你们来得了来不了？来得成来不成？

武汉：你们来不来得了？来不来得成？

成都：你们来不来得倒哦，来不来得成哦？

重庆：你们来得倒不？

桂林：你们来不来得了？来得来不成呐？

昆明：你们个来得了，个来得成呐？

贵阳：你们来得倒不噢？

075　我没事，来得了；他太忙，来不了。

武汉：我有得事，来得了／可以来；他太忙了，来不了。

成都：我没得事，我来得到；他太忙啰，来不倒。

重庆：我没事儿，来得到；他太忙唠，来不倒。

桂林：我没得事，来得了；他好忙，来不了。

昆明：我没得事，可以来；他太忙啦，来不了。

贵阳：我没有事，来得倒哒；他太忙，来不倒。

076　这个东西很重，拿得动拿不动？

武汉：这个东西蛮重，（你）拿不拿得动啊？

成都：这个东西重得很，不晓得你拿不拿得动？

重庆：列个东西很重，拿不拿得动不？

桂林：这个东西好重，拿不拿得动啊？

昆明：这个东西很重啦，个拿得动？

贵阳：这个东西重得很咧，拿得起拿不起？

077　真不轻，重得连我都拿不动了。

武汉：真哩不轻咧，重得连我都拿不动啦。

成都：硬是不轻咧，我都拿不动。

重庆：一点儿都不轻，重得连我都拿不动啦。

桂林：真是不轻哦，重得连我都拿不动。

昆明：这个东西真呢不轻，连我都拿不起来啦。

贵阳：不轻，我都拿不起。

078　他手巧，画得很好看。

武汉：他手巧，画得蛮好看。

成都：他手巧，画得很好看。

重庆：他手巧，画画儿画得很好。

桂林：他哩手巧，画得好看。

昆明：他呢手太巧啦，画得太好瞧啦。

贵阳：他手巧得很，画得真哩好看。

079　他忙得很，忙得连吃没吃过饭都忘了。

武汉：他忙得很，忙得连吃过饭冇都不晓得／忙得都不晓得自己吃了饭冇。

成都：他忙得很，忙得都搞忘吃没有吃过饭了。

重庆：他忙得很，忙得连吃过饭没得都忘了。

桂林：他忙得很，忙得连吃没吃过饭都忘了。

昆明：他太忙啰，忙得个吃过饭都想不起来啦。

贵阳：他忙得很，忙得吃过饭没得，都搞忘记哦。

080　你看他急得，急什么呀，急得脸都红了。

武汉：你看他急得呃，急么事吵，急得脸都红了。

成都：你看他急得，不晓得急啥子？脸都急红啰。

重庆：你看他着急得，急得脸都红啰。

桂林：你看他急呢，急什么啦，急得脸都红了。

昆明：你看他急哪哦，急得脸都红得啰。

贵阳：你看他着急些哪样哦，急得脸都红啰。

081　这个事情说得说不得呀？

武汉：这个事情能不能说？

成都：这个事情说不说得哟？

重庆：列个事情说得不？

桂林：这个事情讲得讲不得啊？

昆明：这个事情个能说啊？

贵阳：这个事情讲得讲不得？

082 他说得快不快？听清楚了吗？

武汉：他说得快不快啊？听清楚有？

成都：他说得快不快？听清楚没有？

重庆：他说得快不快？听清楚没得？

桂林：他讲得快不快？听清楚啦没啦？

昆明：他说那个快？个听清楚了？

贵阳：他说得快不快？听清楚了没得？

083 只有五分钟时间了，说那么多干什么？

武汉：只有五分钟时间了，说那多搞么事咧？

成都：只有五分儿钟啰，说那么多做啥子哦？

重庆：还有五分钟啰，说那么多干啥子？

桂林：只有五分钟哩时间啦，讲那么多干什么？

昆明：只有五分钟时间咯，讲那个多整哪样？（"哪样"合音，音近"俩"）

贵阳：只有五分钟时间了，讲啊么多搞俩？

084 桌子上的书是谁的？是老王的。

武汉：桌子上的书是哪个哩啊？是老王哩。

成都：桌子上的书是哪个哩？是老王哩。

重庆：桌子上的书是哪个哩？是老王哩。

桂林：桌子上哩书是哪个哩？是老王哩。

昆明：桌子上的书是哪个呢？是老王呢。

贵阳：桌子上哩书是啊个的？是老王哩。（"哪"弱读为 a，音近"啊"）

085　屋子里坐着很多人，看书的看书，看报的看报，写字的写字。

武汉：屋里坐了蛮多人，读书哩读书，看报哩看报，写字哩写字。

成都：屋头坐倒好多人，看书哩看书，看报哩看报，写字哩写字。

重庆：屋子里头坐了很多人，看书哩看书，看报哩看报，写字哩写字。

桂林：屋里头坐倒好多人，看书哩看书，看报哩看报，写字哩写字。

昆明：屋里边坐了超级多呢人，看书呢看书，看报呢看报，写字呢写字。

贵阳：屋头坐一啪啪人，看书哩看书，看报哩看报，写字哩写字。

086　要说他的好话，不要说他的坏话。

武汉：要说他哩好话，不要说他哩坏话。

成都：要说他哩好话，不要说他哩坏话。

重庆：要说他哩好话，不要说他哩坏话。

桂林：要讲他哩好话，不要讲他哩坏话。

昆明：要讲他呢好话，莫讲他呢坏话。

贵阳：讲哈他哩好话，不要讲他哩坏话。

087　你是哪年来的？

武汉：你是哪一年来哩啊？

成都：你是哪年来哩？

重庆：你是哪年来哩？

桂林：你是哪一年来哩？

昆明：你是哪年过来呢？

贵阳：你是哪一年来哩呃？

088　以前是有得做，没得吃。

武汉：原来有得事做，冇得吃。

成都：早些是光做，没得吃。

重庆：以前是有得做，没得吃。

桂林：以前是有得做，没得吃。

昆明：以前是有得做，没得吃。

贵阳：以前是紧倒，没得吃哩呃。

089　现在是有得做，也有得吃。

武汉：这么是有得做的，也有得吃。

成都：现在是有做，也有吃。

重庆：现在是有得做，也有得吃。

桂林：现在是有得做，也有得吃。

昆明：现在是有得做喔，也有得吃。

贵阳：如今是有活路做，也有饭吃。

090　上街买个蒜啊葱的，也方便。

武汉：上街买个蒜啊葱的，也蛮方便。

成都：上街买个蒜啊葱哩，还是方便。

重庆：上街买个蒜儿啊葱啊啥子哩，也多方便咧。

桂林：上街买个蒜呐葱啊，也方便。

昆明：去街上买个蒜啊葱啊，也还是方便呢。

贵阳：上街买个蒜啊葱哩，也方便点。

091　柴米油盐什么的，有的是。

武汉：柴米油盐么事哩，随么事都有。

成都：柴米油盐啥子哩，都有。

重庆：柴米油盐啥子哩，啥子都有。

桂林：柴米油盐什么哩，有哩是。

昆明：柴米油盐哪，那都有。

贵阳：柴米油盐啊子些，到处都是。

092　写字算账什么的，他都能行。

武汉：写字算账么事哩，他都可以。

成都：写字啊算账啊，他都得行。

重庆：写字、算账啥子得，他都得行。

桂林：写字算账什么哩，他都可以。

昆明：写字算账这些东西，他都可以。

贵阳：写字算账啊子些，他都可以哩。

093　把那个东西递给我。

武汉：把那个东西帮我递一哈。

成都：把那个东西递给我一哈。

重庆：把那个东西递给我一哈儿。

桂林：把那个东西递给我。

昆明：挨那个东西拿来给我。

贵阳：把啊个东西给我哈。

094　快去把书还给他。

武汉：快去把书还得他。

成都：搞快儿去把书还得他。

重庆：快去把书还给他。

桂林：快去把书还给他。

昆明：赶点儿挨那个书还给他了。

贵阳：赶快把书还给他。

095　你怎么能不把人当人呢？

武汉：你是么样能不把人当人咧？

成都：你朗个不把人当人咧？

重庆：你朗个可以不把人当人呢？

桂林：你朗子能不把人当人咧？

昆明：你咋个是不挨人当人啊？

贵阳：你啥过不把人当人咧？

096 你拿什么都当真的，我看没必要。

武汉：你把么事都太当真了，我看冇得那个必要。

成都：你把啥子都当成真哩，我看没得这个必要。

重庆：你把啥子都当真，我看没得必要。

桂林：你拿什么都当真哩，我看没得必要。

昆明：你挨哪都当真，我觉得没得这个必要。

贵阳：你是拿俩都当真，我看没必要。

097 看你现在拿什么还人家。

武汉：看你这么拿么事还得别个。

成都：看你现在拿啥子去还给人家。

重庆：看你现在拿啥子还给别个。

桂林：看你现在拿什么去还人家。

昆明：我看你拿哪还给人家。

贵阳：看你现在拿哪样还人家。

098 他被妈妈说哭了。任你怎么劝，都劝不住。

武汉：他被妈妈说哭了。随你么样劝，都劝不住。

成都：他照他妈说哭啰。不管你朗个劝，都劝不倒。

重庆：他被他妈妈说哭唠。随便你朗个劝，都劝不住。

桂林：他被他妈讲哭啦。你朗子劝，都劝不倒。

昆明：他被他妈讲哭得啦。随你咋个劝嘛，劝不好呐。

贵阳：他照他妈说哭哦。你咋个劝他，他都不听。（"他"弱读

为 a）

099 他让人给打懵了，一下没明白过来。

武汉：他让别个打懵了，一哈有会过来。

成都：他找人家打懵了，一哈子没反应过来。

重庆：他找别个打傻儿啦，一哈儿没明白过来。

桂林：他让别个打懵啦，一下子没明白过来。

昆明：他一哈给人家打懵得了，一哈子没回过神来。

贵阳：着他打懵哦，一发事没明白过来。

100 给我一本书，给他三本书。

武汉：给我一本书，给他三本书。

成都：拿本书给我，拿三本书给他。

重庆：给我一本儿书，给他三本儿书。

桂林：给我一本书，给他三本书。

昆明：给我一本书就行啦，给他三本。

贵阳：给我一本书，给他三本书。

101 我抬起头笑了一下。

武汉：我抬头笑了哈子。

成都：我抬起脑壳笑了一哈。

重庆：我抬起头笑了一哈。

桂林：我抬起头笑了一下。

昆明：我抬起头笑了一哈。

贵阳：我抬起脑壳笑了一哈。（"了"弱化为 e）

102 我就是坐着不动，看你能把我怎么办。

武汉：我就是坐倒不动，看你能把我么样。

成都：我就是坐倒这儿不扭，看你能把我做啥子。

重庆：我斗是坐起不动，看你能把我朗个办。

桂林：我就是坐倒不动，看你能把我朗子。

昆明：我就是坐得不动，你拿呀我咋个整。

贵阳：我就是坐起不动，看你拿我咋个做。

103 她照顾病人很细心。

武汉：她照顾病人蛮过细哩。

成都：她照顾病人细心得很。

重庆：她照顾病人很细心。

桂林：她照顾病人好细心。

昆明：她照顾病人相当细心。

贵阳：她招呼病人细心完咧。

104 他整天都陪着我说话。

武汉：他一天到黑都陪倒我说话。

成都：他一天都待陪我说话。

重庆：他一天到晚都陪倒起我说话。

桂林：他一整天都陪倒我讲话。

昆明：他整天都陪倒我讲话。

贵阳：他一天到晚都陪倒我讲话。

105 他把钱一扔，二话不说，转身就走。

武汉：他把钱一甩，二话不说，掉头就走。

成都：他把钱一丢，二话不说，侧过背就走啰。

重庆：他把钱一甩，二话不说，转身斗走。

桂林：他把钱一丢，什么都不讲，转身就走。

昆明：他钱一扔，二话不说，转身就走啰。

贵阳：他把钱一甩，二话不说，转身就走。

106 你打算不打算去？

武汉：你打不打算去吵？

成都：你打不打算去？

重庆：你打不打算去？

桂林：你打不打算去啊？

昆明：你个打算去呢？

贵阳：你想不想去？

107　去呀，谁说我不打算去？

武汉：去啊！哪个说我不去啊 / 不想去啊？

成都：去啊，哪个说的我不去？

重庆：去啊，哪个说我不打算去？

桂林：去呀，哪个讲我不打算去？

昆明：去呢嘛，哪个讲我不打算去呐？

贵阳：去啊！哪个说我不想去？

108　敢，那有什么不敢的？

武汉：敢，那有么事不敢哩咧？

成都：敢啊，那有啥子不敢哩嘛？

重庆：敢，那有啥子不敢咧？

桂林：敢，那有什么不敢哩？

昆明：敢呢嘛，有哪样不敢呢？

贵阳：敢，啊有哪样不敢哩？

109　他到底愿不愿意说？

武汉：他到底愿不愿意说？

成都：他到底愿不愿意说嘛？

重庆：他到底愿不愿意说？

桂林：他到底愿不愿意讲啊？

昆明：他个愿意讲？

贵阳：他到底想讲不想讲？

110 还有没有饭吃？

武汉：还有没得饭吃啊？

成都：还有没得饭吃？

重庆：还有没有饭吃？

桂林：还有不有饭吃啊。

昆明：个还有饭吃呐？

贵阳：还有没有饭吃？

111 没有了，谁叫你不早来！

武汉：冇得了，哪个要你不早点来！

成都：没得啰，哪个喊你不早点儿来咧！

重庆：没有啦，哪个叫你不早点儿来！

桂林：没得啦，哪个喊你不早点来！

昆明：没得了，哪个喊你不早点来！

贵阳：没得啊，哪个喊你不早点来！

112 这件事他知不知道？

武汉：这事他晓不晓得？

成都：这件事情他晓不晓得？

重庆：咧个事他晓得不？

桂林：这事他晓不晓得？

昆明：这件事情他个认得？

贵阳：这事情他晓得不晓得？

113 这件事他肯定知道。

武汉：这件事他肯定晓得。

成都：这件事情他肯定晓得。

重庆：列个事他肯定晓得。

桂林：这件事他肯定晓得。

昆明：这件事情嘛他肯定认得嘛。

贵阳：这件事情他肯定晓得哩。

114　这些字你认不认得?

武汉：这些字你认不认得?

成都：这些字你认不认得倒?

重庆：列些字你认不认得倒不?

桂林：这些字你个得啊?

昆明：这些字你给个认得?

贵阳：这些字你认得倒认不到?

115　只有这个字我不认得，其他字都认得。

武汉：只有这个字我不认得，其他字都认得。

成都：只有这个字我认不倒，其他都认得倒。

重庆：只有列个字我认不倒，其他字我都认得倒。

桂林：只有这个字我不认得，其他哩字都认得。

昆明：只有这个字我认不得，其他呢我都认得呢。

贵阳：只有这个字我认不倒，其他字都认得倒哩。

116　你还记不记得我了?

武汉：你还记不记得我啊?

成都：你还记不记得倒我啰?

重庆：你还记得我不?

桂林：你还记不记得我啦?

昆明：你个还记得我呢?

贵阳：你还认得倒我不?

117　记得，怎么能不记得!

武汉：记得，么样不记得咧!

成都：记得倒，朗个可能记不倒咧!

重庆：记得倒，朗个能记不到呃！

桂林：记得，朗子记不得咧！

昆明：记得呢嘛，咋个能不记得！

贵阳：认倒哩，咋个认不倒！

118　我忘了，一点都不记得了。

武汉：我忘了，一点朶都不记得。

成都：我搞忘啰，点儿都记不倒啰。

重庆：我忘了，一点儿都不记起唠。

桂林：我忘了，一点记不倒啦。

昆明：我忘得啦，一点记不得啦。

贵阳：我搞忘记啊，一点都记不倒哦。

119　那个没有这个好，差多了。

武汉：那个冇得这个好，差多了。

成都：那个没得这个好，差得多。

重庆：那个没得列个好，差得多。

桂林：那一个没得这个好，差多啦。

昆明：那个莫得这个好，差呢多啦。

贵阳：啊个没得这个好，差多哦。

120　要我说，这两个都好。

武汉：要我说，这两个都好。

成都：要是我说，这两个都好。

重庆：要是我说，列两个都好。

桂林：要我讲，这两个都蛮好。

昆明：要我讲，这两个都可以呐。

贵阳：依我哩看法，这两个都差不多。

121 那个房子没有这个房子好。

武汉：那个房子冇得这个房子好。

成都：那个房子没得这个房子好。

重庆：那个房子没得列个房子好。

桂林：那一个房子没得这个房子好。

昆明：那个房子没得这个房子好。

贵阳：那个房子没得这个房子好。

122 这个有那个大没有？

武汉：这个有冇得那个大啊？

成都：这个有没得那个大？

重庆：列个有那个大没得？

桂林：这个有没有那个浪大。

昆明：这个个有那个大。

贵阳：这个有啊个大没得。

123 这个跟那个一般大。

武汉：这个跟那个一样大。

成都：这个跟那个一样大。

重庆：列个跟那个一样大。

桂林：这个和那个一样大。

昆明：这个跟那个一样大。

贵阳：这个和啊个差不多哩。

124 这个比那个小了一点儿，不怎么看得出来。

武汉：这个比那个小一滴尕尕，看不出来。

成都：这个比那个小滴点儿，不咋个看得出来。

重庆：列个比那个小了一丁点儿，看不出来。

桂林：这个比那个小一点点，没怎么看得出来。

昆明：这个比那个小了一小点，不咋个看得出来呐。

贵阳：这个比啊个小了一滴滴个啊，不咋个看得出来。

125 他们一般高，我看不出谁高谁矮。

武汉：他们差不多的，我看不出来哪个高哪个矮。

成都：他们一样高哩，我看不出来哪个高哪个矮。

重庆：他们一样高，我看不出来哪个高哪个矮。

桂林：他们一般高，我看不出哪个高哪个矮。

昆明：他们一样高，看不出哪个高哪个矮。

贵阳：他们差不多高，我看不哪个高哪个矮。

126 这个东西没有那个东西好用。

武汉：这个东西冇得那个东西好用。

成都：这个东西没得那个东西好用。

重庆：列个东西没得那个东西好用。

桂林：这个东西没得那个好用。

昆明：这个东西没得那个东西好用。

贵阳：这个东西没得啊个东西好用。

127 这种颜色比那种颜色淡多了，你都看不出来?

武汉：这个颜色比那个颜色淡多了，你这都看不出来?

成都：这种颜色比那种颜色淡多得，你都看不出来呀?

重庆：列种颜色比那种颜色淡多啦，你都看不出来呀?

桂林：这种颜色比那种颜色淡得多，你朗子都看不出来了咧?

（"种"语流中弱读为 ong）

昆明：这个颜色嘛比那个颜色淡多得啰，你看不出来?

贵阳：这种颜色比那种颜色淡得多，你都看不出来?

128 你看看现在，现在的日子比过去强多了。

武汉：你看这么，这么哩日子比原先强多了。

成都：你看哈这阵，这阵的日子比早先好得多。

重庆：你看哈儿现在，现在哩日子比以前好多唠。

桂林：你看看如今，如今哩日子比过去强多啦。

昆明：你看看现在，现在呢日子，比以前好多呐。

贵阳：你看哈现在，如今哩日子比以前好过多哦。

129　以后的日子比现在更好。

武汉：以后哩日子比这么还要好。

成都：以后哩日子比这阵更好。

重庆：以后哩日子比现在更好。

桂林：往后哩日子比现在更好。

昆明：以后呢日子嘛，只会比现在更好。

贵阳：以后生活更好过。

130　好好干吧，这日子一天比一天好。

武汉：好好干，这日子一天比一天好。

成都：好生干，这个日子一天比一天好。

重庆：好好儿干嘛，日子一天比一天好。

桂林：好好干嘛，这日子一天比一天好。

昆明：好好呢干，日子么，一天比一天要好。

贵阳：好好干，生活一天比一天好过。

131　咱兄弟俩比一下，谁跑得快。

武汉：我们兄弟两个比一哈，看哪个跑得快。

成都：我们两兄弟比哈，哪个跑得快。

重庆：我们两兄弟比一哈儿，哪个跑得快。

桂林：我们两兄弟，比一哈子哪个跑得快。（"哪个"语流中弱化

为 nɑ e）

昆明：我们两兄弟两个比一哈么，看哪个跑呢快。

贵阳：我们两弟兄，比哈哪个跑得快。

132　我比不上你，你跑得比我快。

武汉：我比不赢你，你跑得比我快多了。

成都：我跑不赢你，你跑得比我快。

重庆：我比不上你，你跑得比我快。

桂林：我比不上你，你跑得比我快。

昆明：我比不得你，你跑呢比我快。

贵阳：我比不起你，你跑得比我快。

133　他比我吃得多，干得也多。

武汉：他吃得比我多，做得也多。

成都：他吃得比我多，干得也多。

重庆：他吃得比我多，做得也多。

桂林：他比我吃得多，干得也多。

昆明：他比我吃呢多，干呢也多。

贵阳：他吃得比我多，做得也多。

134　他干起活来，比谁都快。

武汉：他做起事来，比哪个都快。

成都：他做起活路来，比哪个都快。

重庆：他做起事来，比哪个都快。

桂林：他干起事来，比哪个都快。

昆明：他干起活来，比哪个都快。

贵阳：他做起活路来，比哪个都快。

135　说了一遍又一遍，不知道说了多少遍。

武汉：说了一遍又一遍，不晓得说了几多遍。

成都：说啰一道又说一道，不晓得说啰好多道啰。

重庆：说啦一遍又说一遍，不晓得说啦好多遍。

桂林：讲啦一遍又讲一遍，没晓得 / 晓不得讲啦好多遍。

昆明：讲了一遍又讲一遍，然没得要讲多少遍。

贵阳：讲了一遍又讲一遍，不晓得讲了好多遍。

136　我嘴笨，怎么也说不过他。

武汉：我嘴巴蛮笨，么样也说不过他。

成都：我嘴笨，朗个斗说不赢他。

重庆：我嘴笨，朗个也说不过他。

桂林：我嘴笨，朗子也讲不过他。

昆明：我嘴笨，讲不赢他。

贵阳：我嘴巴笨，咋个都讲不过他。（"他"弱读为 a）

137　慢慢说，一句一句地说，慌什么呢？

武汉：慢慢地说，一句句地说，慌么子吵？

成都：慢儿慢说，一句一句哩说，慌啥子咧？

重庆：慢儿慢说，一句一句哩说，慌啥子？

桂林：慢慢讲，一句一句讲，慌什么咧？

昆明：慢慢讲，一句一句讲，慌哪样？

贵阳：慢慢地讲，一句一句哩讲，慌俩咧？

138　他这个报告，还要拖下去，说那么多干什么？

武汉：他这个报告，紧讲个么事吵，说那多搞么事啊？

成都：他这个报告，还要拖下去，说那么多做啥子咧？

重庆：他列个报告，还要拖下去，说那多干啥子？

桂林：他这个报告，还要拖下去，讲那么多干什么？

昆明：他这个报告，还要拖下去，说那个多整哪样？

贵阳：他这个报告，还要拖好久，讲那么多点样？

139　说那么多有什么好处呢？

武汉：说那多有么事用咧？

成都：说那么多有啥子好处咧？

重庆：说朗个多有啥子好处？

桂林：讲那么多有什么好处咧？

昆明：讲那个多有哪用？

贵阳：讲啊么多有俩好处咧？

140 他不同意，你也只好干看着。

武汉：他不愿意，你也只能干看倒。

成都：他不同意，你还不是只有干瞪眼儿。

重庆：他不同意，你也只好干看倒起。

桂林：他不同意，你也只好眼愣愣哩看倒。

昆明：他不同意，你也只能干看倒。

贵阳：他不愿意，你也只好干看倒啰。

141 大家都等着你呢！

武汉：别个都等倒你待。

成都：大家都等倒你待！

重庆：大家都在等你！

桂林：大家都等倒你咧！

昆明：所有人都等呢你！

贵阳：大家都待等你咧！

142 不要着急，我过一会儿就来。

武汉：莫着急，我一哈斗来。

成都：不要着急，我一哈儿就来。

重庆：不要着急，我一哈儿斗过来。

桂林：莫着急，我等下子就过来。

昆明：莫急，我一小哈就过来。

贵阳：不要急，我马上就来。

143 这事我真的不知道。

武汉：这事我真哩不晓得。

成都：这件事情我真哩不晓得。

重庆：列个事我真哩不晓得。

桂林：这事我真哩晓不得。

昆明：这个事情我真呢认不得。

贵阳：这个事情我真哩不晓得。（"个"弱化为 e）

144 危险，低头！

武汉：看倒，头低倒！

成都：危险，把脑壳埋斗！

重庆：危险，把头低下去！

桂林：危险，低下头！

昆明：危险，挨头低呢！

贵阳：看倒，埋起头！

145 时间还这么早，你上哪儿去？

武汉：还早得很，你到哪里去吵？

成都：这阵还早的嘛，你到哪儿去咧？

重庆：时间还楞个早，你到哪里儿去？

桂林：时间还浪早，你去哪儿啦？（"哪儿"音 ne）

昆明：时间还那个早，你要去哪点呐？

贵阳：时间还早嘛，你还去哪点？

146 快点儿吧，不要拖时间了。

武汉：快点，莫呆。

成都：搞快点儿，不要旋啰。

重庆：快点儿嘛，不要拖时间啰。

桂林：搞快点嘛，莫拖时间啦。

昆明：赶点儿，莫摸呐。

贵阳：搞快点，不要拖哦。

147 刮风了，快把衣服穿上。

武汉：起风了，快把衣服穿倒。

成都：起风啰，搞快儿把衣服起。

重庆：起风啰，快点儿把衣服穿上。

桂林：起风啦，快把衣服穿上。

昆明：起风啦，赶点挨衣服起。

贵阳：刮风哦，快把衣服穿起。

148 太累了，我受不了。

武汉：太累了，我受不了了。

成都：太累啰，我受不了啰。

重庆：太累啰，我罩不住啰。

桂林：太累啰，我受不了。

昆明：太累了，我耐不住呐。

贵阳：太累哟，我着不住。

149 这件事究竟怎么办呀？

武汉：这个事到底么样搞啊？

成都：这件事究竟朗个在待办哦？

重庆：列个事到底朗个办嘛？

桂林：这件事朗子办哩啦？

昆明：这个事到底是咋个整呐？

贵阳：这件事情做到哪一步哦？

150 这么好的西服，他会给你？

武汉：勒好哩西服，他会给得你？

成都：这么好的西服，他会拿给你？

重庆：楞个好的西服，他会给你呀？

桂林：这么好哩西装，他朗子会给你？

昆明：那么好呢西服，他会给你？

贵阳：这么好哩西装，他会拿给你？

151 你还有钱没钱，有钱就给我一点儿，没钱就算了。

武汉：你还有没得钱呐，有钱把我一点，右得就算了。

成都：你还有没得钱嘛，有钱就给我滴点儿，没得就算啦。

重庆：你还有钱没得，有钱的话斗给我一点儿，没钱斗算唠。

桂林：你还有不有钱，有钱就给我点，没得就算啦。

昆明：你个还有钱，有么就给我一点，没得钱就算啦。

贵阳：你还有钱没得，有就给我点，没得就算啊。

152 进来干什么？都给我赶出去！

武汉：进来搞么事吵，都给我赶出去！

成都：进来做啥子？都给我吙出去！

重庆：进来干啥子？都给我赶出去！

桂林：进来做什么，给我都赶出去！

昆明：进来整哪，挨我出去！

贵阳：全部进来做哪样？都给我轰出去！

153 他刚才还好好的，怎么一下就病了！

武汉：他刚刚还好好的，么样一哈斗病了咧！

成都：他刚才还好儿个个儿的，朗个一哈儿就得病了咧！

重庆：他刚才还好儿好儿哩，朗个一哈儿斗病了呀！

桂林：他刚才还好好哩，朗子一下就病啦！

昆明：他刚才还好好呢，咋个一哈子就病得呐！

贵阳：他刚才还好好生生哩，咋一发事就病啰！

154 他不会比你差，差的话，他就不会来。

武汉：他不会比你差哩，差哩话，他就不会来了。

成都：他不可能比你差，他要是差哩话，他就不得来啰。

重庆：他不会比你撇，撇哩话，他都不会来唠。

桂林：他不会比你差，差哩话，他就不会来。

昆明：他不会比你差，差呢话，他就不会来啦。

贵阳：他不会比你撇，撇哩话，他就不会来。

| 第五章 |
西南官话区人普通话朗读提示

一、重点和难点

（一）朗读的语速

朗读和说话速度的快慢，会影响文章节奏的变化和情感表达的效果。比较悲痛或庄重的内容，语速可稍慢，描述紧张、急剧变化的场景，语速可稍快。普通话水平测试作品中的多数语句，如果没有明显语义和情感的起伏变化或特别需求，一般应采用中速进行。

普通话是规定性、规范化的语言，朗读作品对语速有一定的要求。各地方言一般没有规范，读快点或读慢点都被认为是正常的。

朗读出现的问题一般表现在三个方面：

1.最常见的是受方言的影响，朗读作品时和说话时，语速过快。作品朗读，一般应当保持中速进行，语速的变化，应当根据作品的内容和情感的需要去调整。

2.语速较慢。有的方言语速本身较慢，加上要改读为普通话，边想边读，致使朗读的语速会较慢。

3.语速忽快忽慢。普通话测试中朗读作品时，忽快忽慢的情况比较常见。产生的原因主要是，作品的朗读本来是中速进行的，但遇到某些词语、语句时，会受到方言固有语速（主要是"快"）的影响，间断地出现语速忽快忽慢的情况。

（二）朗读的轻重音

学习者朗读语速整体过快或有些地方"忽快"很可能还有深层次的原因。西南官话词语、话语层面的轻重音格式和普通话的很不同。普通话"轻重音格式"的"轻"，多体现在音强变弱、音长变短和变调。普通话轻重音也会出现变声母、变韵母，如"啊"的变读，但普通话轻重音变声变韵使用非常有限。普通话更是少见用"省音"（去掉声母、韵母的部分或全部）方式实现轻重音。西南官话中"轻重音"格式的实现"非常灵活"，省音、变声、变韵成了常见手段。如：

武汉：还 ɑi 有到，么 mo 样 ŋɑŋ，这么 m。

重庆：我姓王，你咧 /iɛ/？

贵阳：做哪样 liɑng（"哪样"合音，音近"俩"）；敢，那 ɑ 有哪样（"哪样"合音为 nen）不敢哩。他 ɑ 马上来。

经过省音和音变，有些词语以合音的形式固化下来。例如，西南官话的疑问词"朗"很有可能是"哪样"的合音，"哪样个……""哪样子……"在"哪样"合音后变为"朗个……""朗子……"。如：

普通话：记得，怎么能不记得？

武汉：记得，么样不记得咧？

成都：记得倒，朗个可能记不到咧。

重庆：记得倒，朗个能记不到呃。

桂林：记得，朗子记不得咧？

昆明：记得呢嘛，咋个能不记得？

贵阳：认倒哩，咋个认不到？

轻重音格式弱化次要信息，突显重要信息，能使音节间更流畅，让人说得更快。自然话语中，方言能比普通话说得更快，跟轻重音格式里较多使用的"省音"关系密切。

西南官话学习者要注意方言"轻重音"省、变、连（音）"很灵活"，规则上比普通话宽松，避免方言"轻重音"格式"潜移默化"到普通话朗读和说话中。

对自己方言中"轻重音格式"有一定的认识之后，学习者能更准确地感知普通话的轻重音格式，学会普通话的轻重音格式。词语层面，普通话有较固定的轻重音格式。例如"柔和，寂静，梦幻"这三个词本身是中重式词语，就是第一个音节中等强度，第二个音节比第一个音节重读，但是在语流中，这三个双音节词应当读作重轻式（第一个音节重、第二个轻）。在学习普通话的朗读时，学习者应认真听作品录音，加以揣摩，进行把握。

（三）朗读的腔调和语调

普通话腔调是普通话四个声调连读、搭配形成的整体性语音特征。练好普通话单字调是掌握普通话腔调的前提。同时，朗读的语句是连贯的，逐一读出作品每字完整的单字调，是"不正常"的普通话。把握各种声调的连读形式是学习普通话腔调的重要内容。普通话腔调训练步骤：

1. 首先是练好普通话的单字调。

2. 进行普通话声调的搭配训练，如本教材声调训练部分的双音节、三音节和多音节词语。

3. 在此基础上，扩展到句子，直到朗读段落、篇章。

一般来说，普通话语调与方言语调大体相同。从表意和情感表达的角度看，普通话和各地方言的平调、上升、下降的语调，以及曲折语调所代表的意义都是相通的。当然，篇章的语义和情感的表达也具有多样性。总之，多进行普通话朗读，多听标准普通话，是掌握普通话语调的好办法。

二、普通话朗读示例

《繁星》和《海滨仲夏夜》是《普通话水平测试实施纲要》里的两篇朗读作品。本节将针对文本中的普通话语音特点和西南官话的特点，指导朗读者进行朗读训练。

两篇文章按《汉语拼音正词法基本规则》标注拼音，便于读者学习。拼音文本标注说明如下：

1. 作品第 400 个音节后用 "//" 表示。

2. 注音只标本调，不标变调。如上声、"一、不" 都只标本调。

3. 作品中的必读轻声音节，拼音不标声调符号，如 "望着"，拼音 "wàngzhe"。一般轻读、间或重读的音节标调号，并在该音节前加圆点提示。如 "庭院里"，拼音 "tíngyuàn·lǐ"；"天上"，拼音 "tiān·shàng"。

（一）《繁星》及朗读提示

1. 范文

我爱月夜，但我也爱星天。从前在家乡七八月的夜晚在庭院里纳凉的时候，我最爱看天上密密麻麻的繁星。望着星天，我就会忘记一切，仿佛回到了母亲的怀里似的。

wǒ ài yuèyè, dàn wǒ yě ài xīngtiān. Cóngqián zài jiāxiāng qī-bāyuè de yèwǎn zài tíngyuàn·lǐ nàliáng de shíhou, wǒ zuì ài kàn tiān·shàng mìmìmámá de fánxīng. Wàngzhe xīngtiān, wǒ jiù huì wàngjì yīqiè, fǎngfú huídàole mǔ·qīn de huái·lǐ shìde.

　　三年前在南京我住的地方有一道后门，每晚我打开后门，便看见一个静寂的夜。下面是一片菜园，上面是星群密布的蓝天。星光在我们的肉眼里虽然微小，然而它使我们觉得光明无处不在。那时候我正在读一些天文学的书，也认得一些星星，好像它们就是我的朋友，它们常常在和我谈话一样。

　　Sān nián qián zài Nánjīng wǒ zhù de dìfang yǒu yī dào hòumén, měi wǎn wǒ dǎkāi hòumén, biàn kàn·jiàn yī gè jìngjì de yè. Xià·miàn shì yī piàn càiyuán, shàng·miàn shì xīngqún mìbù de lántiān. Xīngguāng zài wǒmen de ròuyǎn·lǐ suīrán wēixiǎo, rán'ér tā shǐ wǒmen jué·dé guāngmíng wúchù-búzài. Nà shíhou wǒ zhèngzài dú yīxiē tiānwénxué de shū, yě rènde yīxiē xīngxing, hǎoxiàng tāmen jiùshì wǒ de péngyou, tāmen chángcháng zài hé wǒ tánhuà yīyàng.

　　如今在海上，每晚和繁星相对，我把它们认得很熟了。我躺在舱面上，仰望天空。深蓝色的天空里悬着无数半明半昧的星。船在动，星也在动，它们是这样低，真是摇摇欲坠呢！渐渐地我的眼睛模糊了，我好像看见无数萤火虫在我的周围飞舞。海上的夜是柔和的，是静寂的，是梦幻的。我望着许多认识的星，我仿佛看见它们在对我眨眼，我仿佛听见它们在小声说话。这时我忘记了一切。在星的怀抱中我微笑着，我沉睡着。我觉得自己是一个小孩子，现在睡在母亲的怀里了。

　　Rújīn zài hǎi·shàng, měi wǎn hé fánxīng xiāngduì, wǒ bǎ tāmen rènde hěn shú le. Wǒ tǎng zài cāngmiàn·shàng, yǎngwàng tiānkōng. Shēnlánsè de tiānkōng·lǐ xuánzhe wúshù bànmíng-bànmèi de xīng. Chuán zài dòng, xīng yě zài dòng, tāmen shì zhèyàng dī, zhēnshì yáoyáo-yùzhuì ne! Jiànjiàn de wǒ de yǎnjing móhu le, wǒ hǎoxiàng kàn·jiàn wúshù yínghuǒchóng zài wǒ de zhōuwéi fēiwǔ. Hǎi·shàng de yè shì róuhé de, shì jìngjì de, shì mènghuànde. Wǒ wàngzhe xǔduō rènshi de xīng, wǒ fǎngfú kàn·jiàn tāmen zài duì wǒ zhǎyǎn, wǒ fǎngfú tīng·jiàn tāmen zài xiǎoshēng shuōhuà. Zhèshí wǒ wàngjì le yīqiè. Zài xīng de huáibào zhōng wǒ wēixiào zhe, wǒ chénshuì zhe. Wǒ jué·dé zìjǐ shì yī gè xiǎoháizi, xiànzài shuì zài mǔ·qīn de huái·lǐ le.

有一夜，那个在哥伦波上船的英国人指给我看天上的巨人。他用手指着：// 那四颗明亮的星是头，下面的几颗是身子，这几颗是手，那几颗是腿和脚，还有三颗星算是腰带。经他这一番指点，我果然看清楚了那个天上的巨人。看，那个巨人还在跑呢！

节选自巴金《繁星》

Yǒu yī yè, nàge zài Gēlúnbō shàng chuán de Yīngguórén zhǐ gěi wǒ kàn tiān·shàng de jùrén. Tā yòng shǒu zhǐzhe: //nà sì kē míngliàng de xīng shì tóu, xià·miàn de jǐ kē shì shēnzi, zhè jǐ kē shì shǒu, nà jǐ kē shì tuǐ hé jiǎo, hái yǒu sān kē xīng suànshì yāodài. Jīng tā zhè yīfān zhǐdiǎn, wǒ guǒrán kàn qīngchu le nàge tiān·shàng de jùrén. Kàn, nàge jùrén háizài pǎo ne !

Jiéxuǎn zì Bājīn《Fán Xīng》

2. 朗读提示

这篇作品对西南官话区的普通话学习者难度较大，单字、词语、腔调和语调上都有一定的难度。

（1）注意难点音节：ing 韵母字和"朋"。

这篇作品要特别注意 ing 韵母字的辨别和练习。文章前 400 字，ing 韵母字出现频率非常高，如星、庭、京、静、明、睛、听等出现 20 余次。西南官话区方言一般没有 ing 韵母，辨别 ing 韵母字是西南官话人普通话学习的难点之一。在普通话考试中，很多西南官话区考生都不发 ing 韵母，这可能是无法辨别 ing 韵母字或是不会发这个音造成的。参考第二章中的韵母例字，判断 in、ing 韵母字。发 ing 韵母要注意：舌后拱起接触软腭，阻塞口腔声道，声带振动，气流从鼻腔流出。前 –n、后鼻音 –ng 韵母发音的区别参见第二章"韵母"部分，两者主要的不同在于发音部位不同。有些西南官话区普通话学习者用加大 in 韵母音强的方式来发 ing，但这种方式并没有改变发音部位，所以 ing 还是发成 in。

"朋"和同韵母常用字"风、翁、嗡"，西南官话区人常会发作 ong、uong 韵母。要注意这类字的韵母为 eng、ueng，"朋"音 péng。普通话 eng、ong 韵母字辨别参考第二章"韵母"部分。

（2）注意"一、不"和上声字的变调。

《繁星》前 400 字有 10 处涉及"一"的变调，一处"不"的变调。"一"读音为 yí 的有"一切、一道、一个、一片、一样、一夜"；读音 yì 的是"一些"。文中"无处不在"的"不"读作 bú。普通话"一、不"的变调规则见第二章"声调正音训练"部分。

前 400 字有多处涉及词内和语流中上声字的变调。上声字只降不升，声调近 21 的为"也爱、仿佛、打开、海上、躺在、仰望、小孩子、有一夜、指着、指给我看"（加点的字是变作 21 的上声字）；上声字读作升调，声调近阳平 35 的是"使我们、每晚、眨眼、指给我看"（加点的字是变作 35 的上声字）。更多上声变调练习，参见第二章"声调正音训练"部分。

（3）注意必读轻声词以及"zh、ch、sh"和"n、l"声母字。

这三项也是西南官话区普通话学习者的难点问题。辨别没有语法标记的必读轻声词，区别 n、l 声母字，辨别哪些是 zh、ch、sh 声母字，主要靠学习、记忆。对于这篇范文，必读轻声音节拼音个标调号。学习者可对照拼音提示练习这三项内容。辨别普通话"zh、ch、sh"和

"n、l"声母字，参见第二章"声母"部分及附录。

（4）注意腔调和语调

《繁星》通过记叙和描写作者记忆中的和眼前仰望的星空，表达了一种安宁且满足的心情。朗读时要注意使用陈述语气。陈述句末降调，感叹句尾可用升调。

话语的腔调层面要注意普通话语流中的轻重音格式，主要包括一般轻读、间或重读的音节（拼音中音节前加圆点的音节），话语中的助词。在词语或词组中，一般轻声音节的原字调会根据重读音节的声调发声改变，较之重读音节，轻声音节较短、音强较低。没有本调的轻读音节，如助词"的、地、得、了"，一般调值为 21，而且音长、音强要明显小于非轻声词。西南官话的这几个常用助词，有强、弱两种形式。比如武汉话"的"重读时音近 di^{31}，轻读近 li^{21}；"了"重读为 liao^{213}，弱读为 la^{21}。西南官话区学习者，可能出现助动词发得比普通话重（音强高）且长，听起来不自然。朗读《繁星》时要注意训练轻读的助词，如"纳凉的 de 时候""母亲的 de 怀里""静寂的 de 夜""是静寂的 de，是梦幻的 de""很熟了 le"。

（二）《海滨仲夏夜》及朗读提示

1. 范文

夕阳落山不久，西方的天空，还燃烧着一片橘红色的晚霞。大海，也被这霞光染成了红色，而且比天空的景色更要壮观。因为它是活动的，每当一排排波浪涌起的时候，那映照在浪峰上的霞光，又红又亮，简直就像一片片霍霍燃烧着的火焰，闪烁着，消失了。而后面的一排，又闪烁着，滚动着，涌了过来。

Xīyáng luòshān bùjiǔ, xīfāng de tiānkōng, hái ránshāozhe yī piàn júhóngsè de wǎnxiá. Dàhǎi, yě bèi zhè xiáguāng rǎnchéngle

hóngsè, érqiě bǐ tiānkōng de jǐngsè gèng yào zhuàngguān.
Yīn·wèi tā shì huó·dòng de, měi dāng yīpáipái bōlàng yǒngqǐ
de shíhou, nà yìngzhào zài làngfēng·shàng de xiáguāng, yòu
hóng yòu liàng, jiǎnzhí jiù xiàng yīpiànpiàn huòhuò ránshāozhe de
huǒyàn, shǎnshuò zhe, xiāoshī le. Ér hòu·miàn de yīpái, yòu
shǎnshuòzhe, gǔndòngzhe, yǒngle guò·lái.

天空的霞光渐渐地淡下去了，深红的颜色变成了绯红，绯红又变
为浅红。最后，当这一切红光都消失了的时候，那突然显得高而远了
的天空，则呈现出一片肃穆的神色。最早出现的启明星，在这蓝色的
天幕上闪烁起来了。它是那么大，那么亮，整个广漠的天幕上只有它
在那里放射着令人注目的光辉，活像一盏悬挂在高空的明灯。

Tiānkōng de xiáguāng jiànjiàn de dàn xià·qù le, shēnhóng
de yánsè biànchéngle fēihóng, fēihóng yòu biànwéi qiǎnhóng.
Zuìhòu, dāng zhè yīqiè hóngguāng dōu xiāoshīle de shíhou, nà
tūrán xiǎn·dé gāo ér yuǎn le de tiānkōng, zé chéngxiàn chū yī
piàn sùmù de shénsè. Zuì zǎo chūxiàn de qǐmíngxīng, zài zhè
lánsè de tiānmù·shàng shǎnshuò qǐ·lái le. Tā shì nàme dà, nàme
liàng, zhěnggè guǎngmò de tiānmù·shàng zhǐyǒu tā zài nà·lǐ
fàngshèzhe lìng rén zhùmù de guānghuī, huóxiàng yī zhǎn xuánguà
zài gāokōng de míngdēng.

夜色加浓，苍空中的"明灯"越来越多了。而城市各处的真的灯
火也次第亮了起来，尤其是围绕在海港周围山坡上的那一片灯光，从
半空倒映在乌蓝的海面上，随着波浪，晃动着，闪烁着，像一串流动
着的珍珠，和那一片片密布在苍穹里的星斗互相辉映，煞是好看。

Yèsè jiā nóng, cāngkōng·zhōng de "míngdēng" yuè lái yuè duō
le. Ér chéngshì gè chù de zhēn de dēnghuǒ yě cìdì liàngle qǐ·lái,

yóuqí shì wéirào zài hǎigǎng zhōuwéi shānpō · shàng de nà yīpiàn dēngguāng, cóng bànkōng dǎoyìng zài wūlán de hǎi miàn · shàng, suízhe bōlàng, huàngdòngzhe, shǎnshuòzhe, xiàng yī chuàn liúdòngzhe de zhēnzhū, hé nà yīpiànpiàn mìbù zài cāngqióng · lǐ de xīngdǒu hùxiàng huīyìng, shà shì hǎokàn.

在这幽美的夜色中，我踏着软绵绵的沙滩，沿着海边，慢慢地向前走去。海水，轻轻地抚摸着细软的沙滩，发出温柔的 // 刷刷声。晚来的海风，清新而又凉爽。我的心里，有着说不出的兴奋和愉快。

Zài zhè yōuměi de yèsè zhōng, wǒ tàzhe ruǎnmiánmián de shātān, yánzhe hǎibiān, mànmàn de xiàngqián zǒu · qù. Hǎishuǐ, qīngqīng de fǔmōzhe xìruǎn de shātān, fāchū wēnróu de //shuāshuā shēng. Wǎnlái de hǎifēng, qīngxīn ér yòu liángshuǎng. Wǒ de xīn · lǐ, yǒuzhe shuō · bú chū de xīngfèn hé yúkuài.

夜风轻飘飘地吹拂着，空气中飘荡着一种大海和田禾相混合的香味儿，柔软的沙滩上还残留着白天太阳炙晒的余温。那些在各个工作岗位上劳动了一天的人们，三三两两地来到这软绵绵的沙滩上，他们浴着凉爽的海风，望着那缀满了星星的夜空，尽情地说笑，尽情地休憩。

节选自峻青《海滨仲夏夜》

Yèfēng qīngpiāopiāo de chuīfúzhe, kōngqìzhōng piāodàngzhe yī zhǒng dàhǎi hé tiánhé xiāng hùnhé de xiāngwèir, róuruǎn de shātān · shàng hái cánliúzhe bái · tiān tài · yáng zhìshài de yúwēn. Nàxiē zài gègè gōngzuò gǎngwèi · shàng láodòngle yī tiān de rénmen, sānsānliǎngliǎng de láidào zhè ruǎnmiánmián de shātān · shàng, tāmen yùzhe liángshuǎng de hǎifēng, wàngzhe nà zhuìmǎnle xīngxing de yèkōng, jìnqíng de shuōxiào, jìnqíng de xiūqì.

Jiéxuǎn zì Jùnqīng《Hǎi bīn Zhòngxià Yè》

2.朗读提示

较之《繁星》,《海滨仲夏夜》在单字、词层面的认读难度略小;腔调、语调层面难度相当。西南官话区学习者在朗读这篇文章时,要注意以下问题。

(1)难点音节:ing、eng 韵母字

后鼻音韵母 ang、ong 及其有介音的形式在西南官话方言中比较常见,而后鼻音 ing 少见。辨别普通话中的 ing 韵母字对西南官话方言区的学习者来说不是一件容易的事,此外到底怎样发这个后鼻音对他们来说也很困难。《海滨仲夏夜》前 400 个音节,ing 韵母音节出现多次,涉及的字如"景、映、明、星、令、轻"。

西南官话一般没有韵母 eng,普通话里的 eng 韵母字在西南官话里一般读作 en 或 ong。在这篇文章里,"峰"和"灯"普通话韵母为 eng。

注意"兴奋"中"兴"读一声 xīng,避免误读为四声 xìng。

(2)"一、不"和上声字的变调

前 400 字出现多次"一"的变调。读作 yí 的是"一片片、一片、一串";读作 yì 的是"一排排、一排、一盏"。"不"的变调出现一次,"不久"中的"不"读四声 bù。

上声字在词内和语流中变调出现 10 余次。上声音节调值变为近 21 的有"晚霞、染成、景色、火焰、滚动、涌了、浅红、起来了、海面、软绵绵、抚摸";上声音节调值变为近 35 的有"涌起、只有、海港、海水"。

(3)zh、ch、sh 声母字

本篇前 400 字,平舌音声母只出现了 3 次,涉及两个字"色、次"。不区分平、翘舌声母的方言区普通话学习者应把方言里读作平舌音的字都读作翘舌。练习时参考拼音标注。

（4）腔调和语调

《海滨仲夏夜》通过对海边晚霞、夜景细致的描写，反映出作者兴奋和愉快的心情。朗读时注意使用中速的陈述语气。参考语篇拼音，训练必读和一般读作轻声的词语，体会普通话的词语和语流的轻重音格式。

参考文献

［1］赵元任，杨时逢，丁声树，等．湖北方言调查报告［M］．上海：商务印书馆，1948.

［2］中国社会科学院语言研究所．方言调查字表［M］．北京：商务印书馆，1981.

［3］杨时逢．四川方言调查报告［M］．台北："中央研究院"历史语言研究所，1984.

［4］王文虎，张一舟，周家筠．四川方言词典［M］．成都：四川人民出版社，1987.

［5］中国社会科学院，澳大利亚人文科学院．中国语言地图集［M］．香港：朗文出版社（远东）有限公司，1987.

［6］李荣．贵阳方言词典［M］．南京：江苏教育出版社，1994.

［7］王群生．湖北荆沙方言［M］．武汉：武汉大学出版社，1994.

［8］王力．广东人怎样学习普通话［M］．北京：文化教育出版社，1995.

［9］张华文，毛玉玲．昆明方言词典［M］．昆明：云南人民出版社，1997.

［10］梁德曼，黄尚军．成都方言词典［M］．南京：江苏教育出

版社，1998.

［11］唐朝阔，王群生.现代汉语［M］.北京：高等教育出版社，2000.

［12］张一舟，张清源，邓英树.成都方言语法研究［M］.成都：巴蜀书社，2001.

［13］中央文明办，国家语委.国家通用语言文字规范知识读本［M］.北京：学习出版社，2001.

［14］王群生.普通话测试必读［M］.北京：语文出版社，2002.

［15］国家语言文字工作委员会普通话培训测试中心.普通话水平测试实施纲要［M］.北京：商务印书馆，2004.

［16］汪化云.鄂东方言研究［M］.成都：巴蜀书社，2004.

［17］国际语音学会.国际语音学会手册［M］.上海：上海教育出版社，2008.

［18］邓英树，张一舟.四川方言词汇研究［M］.北京：中国社会科学出版社，2010.

［19］钱曾怡.汉语官话方言研究［M］.济南：齐鲁书社，2010.

［20］朱晓农.语音学［M］.北京：商务印书馆国际有限公司，2010.

［21］中国社会科学院语言研究所，中国社会科学院民族学与人类学研究所，香港城市大学语言资讯科学研究中心.中国语言地图集（第2版）［M］.北京：商务印书馆，2012.

［22］王群生，王彩豫.荆州方言研究［M］.武汉：华中师范大学出版社，2018.

［23］朱建颂.武汉方言词典［M］.武汉：湖北辞书出版社，2018.

［24］王彩豫.鄂南方言的多域声调系统研究［M］.武汉：武汉大学出版社，2022.

［25］汪平.贵阳方言的语音系统［J］.方言，1981（02）.

［26］涂光禄.对《贵阳方言的语音系统》一文的几点意见［J］.方言，1982（03）.

［27］杨焕典.桂林方言词汇［J］.方言，1982（02）.

［28］汪平.贵阳方言的语法特点［J］.语言研究，1983（01）.

［29］鲍厚星，颜森.湖南方言的分区［J］.方言，1986（04）.

［30］黄雪贞.西南官话的分区（稿）［J］.方言，1986（04）.

［31］罗常培，群一.云南之语言［J］.玉溪师专学报，1986（04）.

［32］吴积才，颜晓云.云南方音概况［J］.玉溪师专学报（综合版），1986（04）.

［33］吴积才，颜晓云.云南方音概况（二）［J］.玉溪师专学报，1986（C1）.

［34］吴积才，颜晓云.云南方音概况（三）［J］.玉溪师专学报，1987（01）.

［35］郑有仪.北京话和成都话、重庆话的儿化比较［J］.重庆师院学报（哲学社会科学版），1987（02）.

［36］王群生.湖北方言的颤音［J］.语言研究，1987（02）.

［37］王群生.湖北中部地区方言分区的商榷——兼谈方言分区的语感问题［J］.荆州师专学报，1988（01）.

［38］王群生.潜江方言述略［J］.长江大学学报（社会科学版），1989（04）.

［39］卢开礴.昆明方言志［J］.玉溪师专学报，1990（C1）.

［40］李蓝.湖南方言分区述评及再分区［J］.语言研究，1994（02）.

［41］涂光禄.贵阳方言的重叠式［J］.方言，2000（04）.

［42］杨绍林.成都话与普通话儿化韵发音之比较——兼论普通话水平测试中儿化韵读音正误的判定［J］.成都师范高等专科学校学

报，2002（01）.

［43］黄尚军.成都话音系［J］.西华大学学报（哲学社会科学版），2006（01）.

［44］王彩豫，王群生.论普通话双音节词语的"轻化"现象［J］.汉语学报，2007（03）.

［45］熊正辉，张振兴.汉语方言的分区［J］.方言，2008（02）.

［46］李蓝.西南官话的分区（稿）［J］.方言，2009（01）.

［47］王彩豫，曹艳丽，王群生，等.普通话测试教材研究［J］.湖北师范学院学报，2012（05）.

［48］王育珊，王育弘.现代昆明方言语音发展变化趋势［J］.红河学院学报，2012（06）.

［49］寸熙，朱晓农.成渝官话的声调类型［J］.语言研究，2013（04）.

［50］王彩豫.湖北松滋方言的假声［J］.语言研究，2013（04）.

［51］王彩豫，朱晓农.湖北监利张先村赣语的三域十声系统［J］.方言，2015（02）.

［52］王彩豫.略论普通话的"语流儿化现象"［J］.长江大学学报，2017（02）.

［53］吴伟军，王丽，王建设.贵阳方言三十年来语音变化考察［J］.贵州工程应用技术学院学报，2017（06）.

［54］何婉.四川成都话音系调查研究［D］.四川大学硕士论文，2008.

［55］周巧媛.成都方言语音问题研究［D］.天津师范大学硕士论文，2012.

［56］韩唯玮.重庆方言语音研究［D］.天津师范大学硕士论文，2013.

［57］钟雪珂．桂林方言语音研究［D］．广西大学硕士学位论文，2015．

［58］唐磊．桂林官话声调实验研究［D］．西北师范大学硕士论文，2016．